#Helynt

Rebecca Roberts

Gwasg Carreg Gwalch

Argraffiad cyntaf: 2020

ⓗ testun: Rebecca Roberts 2020

ⓗ cyhoeddiad: Gwasg Carreg Gwalch

Rhif Llyfr Safonol Rhyngwladol:
978-1-84527-776-5

Cyhoeddwyd gyda chymorth Cyngor Llyfrau Cymru

Dylunio clawr: Bedwyr ab Iestyn / almonia.co.uk

Cyhoeddwyd gan Wasg Carreg Gwalch,
12 Iard yr Orsaf, Llanrwst, Dyffryn Conwy, Cymru LL26 0EH.
Ffôn: 01492 642031
e-bost: llyfrau@carreg-gwalch.cymru
lle ar y we: www.carreg-gwalch.cymru

Argraffwyd a chyhoeddwyd yng Nghymru

Diolchiadau

Diolch i Dyfed Edwards am fy ngwobrwyo ag Ysgoloriaeth Emyr Feddyg, a roddodd y cyfle i mi ddatblygu'r nofel hon gyda chymorth Bethan Gwanas; awdur rwyf wedi'i hedmygu ers fy arddegau. Diolch, Bethan, am y profiad ac am roi i mi'r hyder i fynd amdani!

Unwaith eto, diolch i fy ngolygydd, Nia Roberts, am fy llywio drwy'r broses o gyhoeddi'r nofel.

Yn olaf, diolch i fy nheulu a'm ffrindiau am eu cefnogaeth frwd.

I fy mhlant, Elizabeth a Thomas, fy nerth a'm hculwcn.

Elizabeth, ar dy gyfer di wnes i greu Rachel.

Ti yw fy merch anhygoel i.

Cyflwynaf y nofel hon hefyd i staff Ysbyty Alder Hey, Lerpwl, ac ALAC Ysbyty Maelor.

I dedicate this novel to the staff of Alder Hey Children's Hospital, Liverpool, and the ALAC at Ysbyty Maelor.

Thank you for all you have done for us.

1

7.45, yn ôl fy hen gloc My Little Pony. Dylai bod larwm fy ffôn wedi fy neffro i am 7.15, ond mae'r batri wedi marw. Am agoriad rybish i nofel. Byddai Mr Rees Ffiseg yn dweud, 'Na, all batri ddim marw gan nad oedd o'n fyw yn y lle cynta'. Ond os ydi peth bach fel batri marw am fynd dan dy groen di, efallai y byddai'n well i ti gau'r llyfr hwn ar unwaith achos mae 'na bethau dipyn mwy brawychus o dy flaen di na fy Nghymraeg bratiog i. Pethau fel trais, secs, drygs … ocê, fydd 'na fawr o secs a dim lot o ddrygs chwaith, ond gei di lwyth o *tips* ar sut i osgoi helynt. Dyma'r tro cyntaf i mi sgwennu nofel. Arhosa efo fi. Darllena ymlaen, ac os dwyt ti ddim yn hoffi'r stori, y tro nesaf ddoi di draw i'r Rhyl mi bryna i tships i ti. (Teitl posib: Tships a Tips?) Ocê, ble o'n i? O, ie … 'nôl at y stori.

Dydi'r batri ddim wedi'i jarjio, er bod y switsh ymlaen. Rhaid bod y lectrig wedi mynd i ffwrdd. Eto. Bendiblydigedig. Dim dŵr cynnes i molchi, dim sychwr gwallt, dim paned o de cyn mynd i'r ysgol. Ond yn fwy na hynny, mae'n golygu bod Mam ddim wedi rhoi rhagor o bres yn y peiriant dan y grisiau. Mae hynny wastad yn Arwydd.

Dwi'n codi ac yn sleifio ar hyd y landin. Mae drws stafell wely Mam ar agor, ond mae hi'n dal i orwedd yn wynebu'r wal. Mi fedra i weld cefn ei phen uwchben y cwrlid: hanner ei gwallt yn felyn llachar annaturiol a'r rŵts yn llwyd llychlyd.

Yin a *Yang* mae Dad yn ein galw ni – hi'n felyn fel yr haul, a finne efo fy ngwallt goth du. Ond heddiw mae hi'n edrych 'run fath â gwrthdrawiad rhwng mochyn daear a phinafal. Fel arfer, mae Mam yn falch iawn o'i gwallt ac yn ei liwio'r munud y bydd y mymryn lleiaf o lwyd yn ymddangos. Pan mae ei rŵts yn dechrau dangos mae hynny'n Arwydd arall. Dwi'n gwybod nad oes pwynt i mi ei chyfarch hi. Bydd hi'n tynnu'r cwilt dros ei phen a chogio'i bod hi'n cysgu.

Neithiwr roedd Dad yn gweithio'r shifft hwyr, a rhaid ei fod o wedi syrthio i gysgu ar y soffa, achos dwi'n ei glywed o'n chwyrnu fel mochyn i lawr y grisiau. Yn ofalus i beidio â'i ddeffro, dwi'n sleifio i'r stafell molchi. Cyn pen dim dwi wedi sgwrio fy wyneb a fy nannedd, a chlymu 'ngwallt yn ôl mewn cynffon. Mae angen ei olchi, a dweud y gwir, ond mi wnaiff cynffon y tro am heddiw.

Dwi'n sleifio'n ôl ar draws y landin at stafell wely Sara. Mae hi wedi lapio'i hun yn ei phlancedi fel lindys mewn cocŵn, a dwi'n gwybod ca' i uffern o amser i'w denu hi allan o'i gwely a'i chael hi i'r ysgol ar amser. Dwi'n dechrau trwy gosi ei boch a'i chlust.

'Sara! Sara ... amser deffro! Amser gwisgo!' Mae hi'n rholio ar ei hochr ac yn ceisio fy anwybyddu i, ond dwi'n dal i'w chosi nes ei bod hi'n codi ar ei heistedd, yn taflu clustog ata i ac yn bloeddio, 'Rachel!'

'Ssssh! Mae'r cawr yn dal i gysgu!' sibrydaf. 'Rhaid i ni ddianc o'r tŵr heb ei ddeffro fo. Bydda'n dawel fel llygoden!' Saith oed ydi Sara – dal yn ddigon ifanc i mi fedru troi pethau'n gêm. Dad ydi'r Cawr Cysglyd, ac mae Sara'n mwynhau'r her o ddianc trwy'r drws ffrynt a'i adael o'n cysgu ar y soffa. Dwi'n ddiolchgar iddi am fod yn gymaint o lygoden, achos fi fyddai'n cael y bai petai Dad yn deffro'n gynnar. Yn dawel bach, mae hi'n codi ac yn mynd i molchi ei hun, tra dwi'n gosod ei gwisg ysgol yn daclus ar y gwely.

Wrth feddwl am y peth, byddai Sara yn llygoden wych. Mae hi'n fach ac yn fain, ac mor dawel mae'n hawdd anghofio ei bod hi yn y stafell efo ti. Mae ganddi wallt meddal fel Mam, sy'n ddigon tebyg i ffwr llygoden. Dydyn ni ddim yn edrych yn debyg iawn i'n gilydd, heblaw bod y ddwy ohonon ni wedi etifeddu croen gwelw Mam, sy'n golygu nad oes rhaid i mi wisgo colur gwyn fel gweddill y goths yn yr ysgol.

Tra mae Sara yn gorffen twtio'i hun, dwi'n gwasgu ploryn ar ochr fy nhrwyn ac yn rhoi pensil du trwchus o amgylch fy llygaid. Mae gwisgo colur yn erbyn rheolau'r ysgol a dwi'n gwybod y bydd un o'r athrawon yn fy nanfon i lanhau fy wyneb cyn diwedd y gwasanaeth boreol, ond mae'n bwysig i mi 'mod i'n ei wisgo fo er mwyn gwneud Datganiad. O dan fy nghrys ysgol dwi'n gwisgo coler ci o ledr du efo sbeics metal arni. Mae'n anghyfforddus, ond eto, mae'n bwysig datgan fy mod i'n unigolyn sy'n gwrthod cydymffurfio efo rheolau gwirion yr ysgol. Mae'n gas gen i Awdurdod, a dydw i ddim yn meddwl bod Awdurdod yn rhy hoff ohona i chwaith. Dwi'n gwybod ca' i row am wisgo'r goler, ond dydw i ddim yn medru ffeindio fy siwmper na fy nghôt ysgol, felly dwi am gael ffrae beth bynnag!

Mae Sara yn sobr o araf wrth wisgo, ac erbyn iddi orffen rydyn ni'n hwyr yn gadael y tŷ.

'S'muda, Sara!' Dwi'n cydio yn llaw fy chwaer ac yn hanner ei llusgo hi i fyny'r stryd.

Mae hi'n swnian ei bod hi heb gael brecwast, nes i mi ei hatgoffa y caiff hi ddarn o dost yng nghlwb brecwast yr ysgol. Mi wna i brynu rhywbeth o'r ffreutur gyda'r bunt sydd yn fy mhoced. Ond i Mam a Dad fydd 'na ddim danteithion poeth fel tost. Dwi'n gwenu'n slei wrth ddychmygu Dad yn deffro ac yn galw, 'Ga' i frechdan bacwn?' dim ond iddo fo ganfod bod y trydan i ffwrdd. Wrth gwrs, nid 'Ga' i frechdan bacwn' ddwedith o, ond *'Make us a bacon butty will you, Lois?'* Waeth i ti heb â meddwl fod tre'r Rhyl yn llawn pobl sy'n siarad Cymraeg. Mam, Sara a finne ydi'r unig bobl ar ein stryd ni sy'n medru. A dweud y gwir, dydw i ddim yn adnabod fawr neb yn dre sy'n medru siarad Cymraeg. Mae staff Ysgol Dewi Sant (sef ysgol Sara) yn medru, wrth gwrs, a dwi'n siŵr bod yna rywfaint o staff Rhyl High yn medru hefyd. Mae 'na Gylch Ti a Fi yn cyfarfod yn y ganolfan ar Vale Road, a chapel Cymraeg hefyd, ond dwi'n rhy hen i fynychu un ac yn ormod o anffyddiwr i fynychu'r llall. Felly tydw i ddim yn clywed llawer o Gymraeg y tu allan i'r ysgol, achos dim ond pan fydd Dad ddim o gwmpas y bydd Mam, Sara a finne yn siarad Cymraeg.

Lois Gwenllïan Haf ydi enw llawn Mam, a Jason Reginald ydi enw Dad, sy'n egluro'r sefyllfa'n dwt. 'Low-iss' mae pobl yn ei galw hi, nid Lois yn y ffordd Gymraeg, fel roedd Nain yn arfer ei wneud. Mae gan Sara enw canol Cymraeg hefyd: Glesni, ar ôl Nain. Hoffwn i gael enw Cymraeg fel hi, ond ges i enw canol rhyfedd: Claudia. Rachel Claudia Ross. Dydi'r ddau ddim yn cyd-fynd, rhywsut. Mae Rachel yn siwtio'r Rhyl: enw ymarferol, syml a Saesnigaidd. Ond mae Claudia yn egsotig, yn enwedig pan fydd Mam yn ei ynganu: 'Cloud-ia,' fydd hi'n ddweud, yn y ffordd Eidalaidd. Hoffwn i wybod beth aeth trwy feddwl Mam pan benderfynodd hi roi Claudia yn enw canol i mi. Eto, gallai pethau fod yn waeth. Enw fy nain arall (ar ochr Dad) oedd Nora Edith Ross. Rachel Nora. Rachel Edith. Ych. A. Fi.

Yr unig bobl heblaw Mam sy'n defnyddio fy enw canol ydi'r athrawon: 'Rachel Claudia Ross, rhag dy gywilydd di! RHAG DY GYWILYDD DI!' Ond maen nhw'n ei ynganu fo'n anghywir, bob tro. (**Sut i Osgoi Helynt #1: Paid byth â chywiro athro neu athrawes, yn enwedig os ydyn nhw ar ganol rhoi ffrae i ti.**)

Mae Sara a finne'n croesi'r bont H ac mae safle bws Sara o fewn pellter rhedeg, ond allwn ni ddim arafu neu mi fydda i'n methu fy mws inne. Pum munud yn unig sydd gen i nes bod y bws yn cyrraedd.

'Wela' i di heno, Sara!' Efo sws frysiog dwi'n ci gwthio hi at y clwstwr bach o blant a rhieni sy'n disgwyl ar y palmant, ac yna dwi'n dechrau rhedeg. Mae'n gas gen i redeg achos mae fy nghoes i'n dechrau brifo, ond dwi'n carlamu nerth fy nhraed i lawr Marsh Road, nes bod gen i boen yn fy asennau. Ond erbyn i mi gyrraedd y groesfan mae'r bws hanner ffordd i fyny Vale Road a does gen i ddim gobaith o'i ddal o. Heddiw roeddwn i am gychwyn ar fy mhortffolio TGAU Celf, ac mae gen i gyfnod cosb efo Hughes Saesneg.

Dwi'n sefyll ar ochr y ffordd, fy nghrys yn glynu wrth fy nghorff gan chwys a f'ysgyfaint yn llosgi fel taswn i newydd bwffian ar un o sigaréts Dad. Dwi'n teimlo'n afiach. Dwi'n siŵr 'mod i'n drewi'n afiach hefyd.

'Daria!' Dwi'n troi i weld Carys Wealde yn rhedeg ar draws y groesfan, ac ochrau ei chôt ysgafn yn fflapio yn y gwynt fel adenydd brân. 'Dwi 'di methu'r bws, do?'

'Do,' dwi'n ei hateb, ar ôl i mi lyncu llond ysgyfaint o aer. 'Ti'n meddwl fyse dy fam yn medru rhoi lifft i ni?' Ysgwyd ei phen yn benderfynol mae Carys.

'Mam 'di bod yn y gwaith ers chwech bore 'ma.' Mae hi'n teimlo y tu mewn i boced ei bag ysgol. 'Gen i ddwy bunt. Ti'n meddwl bod hynny'n ddigon i dalu am docyn bws?'

'Nac'di.' Ers i'r beili gymryd ein car dwi wedi dod yn dipyn o arbenigwr ar faint mae bysys yn gostio.

'Be wnawn ni felly?' gofynna Carys, ei llygaid soser yn gwneud iddi edrych yn ddiniwed fel cyw, a braidd yn dwp hefyd. Does gen i ddim pres i dalu am docyn bws i Lanelwy, a does dim pwynt mynd adref a gofyn am fenthyg y pres – mi ga' i row anferthol gan Dad am godi'n hwyr, a mwy na thebyg na fydd ganddo fo bres chwaith. Dau opsiwn sydd gen i, felly: dechrau cerdded i'r ysgol (ac efallai cyrraedd jest mewn pryd i ddal y bws 'nôl adref), neu aros yma yn y Rhyl. Mi fydda i'n treulio bob amser cinio'r wythnos hon yn gweithio ar fy mhortffolio celf neu mewn cyfnod cosb, felly heddiw, waeth i mi fwynhau diwrnod o ryddid annisgwyl.

'Dwi am fynd i'r traeth. Dwi'm yn mynd i'r ysgol heddiw.'

'Beth os ydi'r ysgol yn ffonio'n rhieni ni?' gofynna Carys yn ofnus.

'Croeso iddyn nhw drio.' Dim ots faint o weithiau wnaiff yr ysgol ffonio adref fydd 'na ddim ateb. Mae Dad yn diffodd pob ffôn yn y tŷ pan mae o'n cysgu, achos mae'r galwadau niwsans gan sgamyrs yn ei wylltio fo'n gacwn. 'Ti'n dod?'

'O, Mam bach, fyddwn ni mewn cymaint o helynt!' meddai Carys. Mae hi'n lot mwy *posh* na fi, a dydi hi bron byth yn rhegi. Dwi'n meddwl ei bod hi wedi darllen gormod o lyfrau Enid Blyton pan oedd hi'n blentyn.

'Wel, dwi off i'r dre. Ty'd, neu arhosa yma. Dewis di.'

Dwi'n tynnu fy nhei a'i stwffio i waelod fy mag. Dim ond crys cotwm tenau sydd gen i amdanaf, ac mae'r gwynt fel iâ ar fy nghroen. I wneud pethau'n waeth, mae'r chwys yn teimlo'n afiach wrth iddo oeri ar fy nghorff. Y peth cyntaf dwi am ei wneud ydi mynd draw i Boots neu Superdrug a chwistrellu fy hun efo'r *testers* persawr fel na fydda i'n drewi fel pen-ôl mochyn drwy'r dydd.

Dwi'n cerdded dros bont y rheilffordd ac i gyfeiriad y Stryd Fawr, efo Carys yn trotian wrth fy ochr fel ci bach ffyddlon. Wrth i ni fynd heibio'r orsaf drenau rydyn ni'n cerdded heibio dau ddyn yn eu hugeiniau cynnar. Maen nhw'n cario bagiau Adidas ar eu cefnau, ac mae gan yr un talaf focs o gwrw dan ei fraich a thun o gwrw yn ei law. Cwpl o *chavs* ar wyliau, wedi dal y trên lawr o'r ddinas i gael jolihoitian ar lan y môr.

Jolihoitian – am air ffantastig. Mewn 'ymgais i ehangu ein geirfa', mae ein hathrawes Gymraeg yn rhoi gair newydd uwchben y bwrdd gwyn bob wythnos. Rwyt ti'n cael pwynt llys am ddefnyddio Gair yr Wythnos mewn darn o waith dosbarth neu waith cartref. Jolihoitian oedd gair yr wythnos ddiwethaf, ond roedd o'n eitha anodd ei ddefnyddio mewn traethawd am Hedd Wyn.

Beth bynnag, yn ôl at y dynion (eitha golygus) sydd newydd gamu allan o orsaf drenau y Rhyl. Mae'r un talaf yn galw, '*Hello, lovely ladies!*' ac mae Carys yn cochi'n syth. Dydw i ddim hyd yn oed yn troi fy mhen i sbio arnyn nhw. (**Sut i Osgoi Helynt #2: Paid â gwneud cyswllt llygad.**) Ydyn, maen nhw'n olygus, ond maen nhw hefyd dipyn yn hŷn na ni, ac yn yfed alcohol am naw y bore. Mae'r boi yn rhoi cynnig arall arni, gan chwibanu fel petai'n galw ar gi defaid. Yna, mae'r ddau yn dechrau cerdded i'n cyfeiriad ni mewn ffordd benderfynol.

'Maen nhw'n ein dilyn ni!' sibryda Carys. Mae hi'n dechrau giglan ac yn troi'n biws fel betysen ond dwi'n dal i gerdded, yn dal i sbio'n syth ymlaen nes eu bod nhw'n cerdded ochr yn ochr â ni. Allan o gornel fy llygad gwelaf yr un byrraf yn agor ei geg, ond cyn iddo fedru dweud dim dwi'n poeri, yn Gymraeg, 'Cer i grafu.'

Mae'r ystyr yn glir o dôn fy llais, ac yn syth maen nhw'n rhoi'r gorau i'n dilyn ni. Wrth i ni droi'r gornel dwi'n clywed un ohonyn nhw'n gofyn,

'*What the hell kind of language was that?*'

'*Polish, I think.*'

2

Tydi hi ddim yn naw o'r gloch eto. Mae siopau'r Stryd Fawr yn dal i fod ar gau, felly mae Carys a finne'n cerdded i gyfeiriad y traeth. Yno, mae'r gwynt yn chwythu a'r llanw'n uchel. Fedrwn ni ddim mynd ar y traeth ei hun, felly rydyn ni'n cerdded ar hyd y promenâd cyn belled â Splash Point. Dyna lle mae'r tai mawr a gafodd eu hadeiladu gan bobl gyfoethog yn amser y Frenhines Fictoria. Rydyn ni'n treulio hanner awr dda yn edrych ar yr adeiladau ac yn trafod pa un fydden ni'n dewis byw ynddo, petaen ni'n ennill y loteri.

Dwi'n pwyntio at un o'r tai mawr reit wrth ymyl Splash Point, ac yn cael y boddhad o weld Carys yn gegrwth wrth i mi ddatgan mai yn y tŷ hwnnw ges i fy ngeni. Mae hi'n meddwl fy mod i'n gyfoethog, yr un fath â hi. Dydw i ddim yn egluro bod yr adeilad wedi'i rannu'n fflatiau, ac mai yn y fflat ar y llawr top roedd Mam a Dad yn arfer byw.

Yna, gan nad oes ganddon ni ddim byd gwell i'w wneud, rydyn ni'n troi ac yn cerdded yn ôl ar hyd y ffrynt nes cyrraedd Pont y Ddraig. Mae Carys yn pwyntio at gwch hwylio yn y bae.

'Dyna gwch bach Dad. Mae ganddo fo un arall, yn Doc Fictoria yn G'narfon, ond mae o'n licio cael rhywbeth yn nes adre iddo fynd i bysgota.' Cwch bach? Cwch BACH? Mae o'n fwy na'n gardd ni, a rhaid ei fod o wedi costio mwy na'n tŷ ni!

'Neis iawn, Boaty McBoatface,' dwi'n ei hateb yn sarcastig.

'Na, *Peregrine* ydi enw'r cwch,' meddai hi'n ddryslyd. 'A *Pride of the Ocean* ydi'r un yn G'narfon. Fyset ti'n licio mynd i hwylio efo ni rywbryd?'

Does 'na ddim drwg yn Carys – sy'n syndod i mi gan ei bod hi'n un o griw Eira. Roeddwn i wastad yn meddwl bod ffrindiau Eira yn *snobs* ac yn bitshys fel hi, ond i fod yn deg, mae Carys yn eitha neis.

Rydyn ni'n cerdded yn ôl i ganol y dref, ond erbyn hyn dwi wedi dechrau diflasu ar grwydro. Fedrwn ni ddim mynd i mewn i'r siopau achos does ganddon ni ddim pres i'w wario, a dydi'r *store detectives* ddim yn trystio plant ysgol. Maen nhw'n fy adnabod i, er nad ydw i erioed wedi cael fy nal yn dwyn. Dwi'n meddwl eu bod nhw'n cadw llygad arna i achos 'mod i wedi dweud wrth un ohonyn nhw un tro, '*Save your energy, mate. If I was on the nick, I'd be in somewhere a bit classier than a pound shop.*'

Dwi'n mynd â Carys draw i farchnad Queen's, i ddangos iddi ble'r oedd stondin fy nain. Roedd Nain (sef mam Mam) yn gwerthu botymau, rhubanau a phethau gwnïo. *Haberdasher* oedd hi, meddai Mam, sydd wastad yn gwneud i mi feddwl am dylwythen deg fach yn eistedd o dan gaws llyffant yn gwnïo sgidiau bach.

Doedd Nain ddim yn edrych yn debyg i dylwythen deg, ond roedd hi'n ddynes lyfli. Pan oeddwn i'n fach byddai Mam yn mynd â fi draw yn fy nghadair olwyn, ac mi fyddwn i'n eistedd ar lawr y stondin am oriau yn sortio botymau'n bentyrrau lliwgar. Wnes i fwyta ambell un hefyd. 'Cyn belled â'i bod hi ddim yn tagu, mi ddaw o allan y pen arall,' oedd ymateb Nain. Dwi'n cofio llyncu botwm siâp cloch, a siglo'n ôl ac ymlaen wedyn gan obeithio clywed y gloch yn canu yn fy mol.

Y farchnad ydi lle dwi'n cofio Nain orau. Mae ei stondin hi wedi hen fynd (siop recordiau o'r enw The Vinyl Countdown sydd yno rŵan), ond mae'r lle'n dal i ddrewi'r un fath â phan o'n i'n blentyn. Mae yna rywbeth am yr arogl sy'n dod â'r atgofion yn ôl yn reit handi. Dwi'n cofio sut y byddai Mrs Brett yn y stondin fferins wastad yn rhoi bag bach o Wrigley's Spearmint Chews i mi, a dyna oedd fy hoff fferins nes i mi frathu un a cholli dant. Roedd Nain yn gwerthu rhubanau o bob lliw, a bob tro oedden ni'n mynd draw byddai hi'n gofyn, 'Pa liw ydi di ffrog di heddiw, fy mhwdin reis, fy jam byti bach i?', ac yn torri llathen o ruban i mi fyddai'n mynd efo fy ngwisg.

Doedd mynd i'r farchnad ddim yn lot o hwyl ar ôl i Nain gael strôc. Ceisiodd Mam redeg y lle am sbel, ond roedd o'n ormod o waith ac roedd yn rhaid iddi werthu'r stoc a chau'r stondin. Bu farw Nain yn fuan ar ôl hynny.

Erbyn heddiw mae siop fferins Mrs Brett wedi cau, a'r siop anifeiliaid anwes, a'r siop flodau hefyd. Mae'r lle bron â bod yn wag, jest llond llaw o bensiynwyr yn eistedd yn y caffi cornel yn yfed paneidiau ac yn syllu ar y blodau plastig ar y byrddau.

Dydyn ni ddim yn aros yn hir yn y Queen's achos mae'n agosáu at amser cinio, ac mae arogl bwyd o'r caffi yn fy ngwneud i'n llwglyd ofnadwy. Wrth i ni gerdded yn ôl i gyfeiriad y promenâd mae Carys yn tynnu pecyn o frechdanau allan o'i bag ac yn cynnig un i mi. Dwi mor ddiolchgar iddi am rannu, achos dwi ddim wedi bwyta ers neithiwr. Dwi'n gorffen y frechdan i gyd, hyd yn oed y salad.

Erbyn hyn mae gen i swigen ar waelod fy nhroed chwith, ac mae fy nghoes dde wedi dechrau brifo. Mae'r ddwy ohonon ni'n mynd draw at y pwll padlo a'r cwrs golff gwirion i wylio cwpl canol oed yn chwarae golff gyda'i gilydd. Mae hi'n wyntog, a phob tro maen nhw'n mynd i daro'r bêl mae hi'n rholio i fwrdd o'r smotyn gwyn ac i ganol byncer. Os ydi un ohonyn nhw'n llwyddo i daro'r bêl dwi a Carys yn gweiddi, '*Fore!*' ar dop ein lleisiau, nes maen nhw'n rhythu arnon ni.

'Ew, mae 'nhraed i'n brifo!' cwyna Carys, gan dynnu ei sgidiau ysgol i ddangos bod ei sodlau hi'n binc fel stêc heb ei goginio. Mae hi'n plymio ei thraed i ddŵr y pwll padlo gydag ochenaid o ryddhad. 'Rhaid i ti drio hyn, Rachel, mae'r dŵr yn teimlo'n hyfryd ar dy draed. 'Swn i'n medru aros yma drwy'r prynhawn!' Ond dwi'n ddigon bodlon yn eistedd a gwylio'r cwpl yn eu hanoracs yn dilyn y bêl o gwmpas y cwrs golff. O'r diwedd, ar ôl i'r dyn achub ei bêl o geg y dinosor plastig am y degfed gwaith, mae o'n lluchio ei ffon golff i ganol byncer ac yn brasgamu i ffwrdd o'r cwrs mewn tymer. Yn syth ar ôl i'w wraig ei ddilyn o, mae Carys yn neidio ar ei thraed ac yn rhedeg i godi'r ffyn a'r peli. Daw yn ôl at y pwll yn wên o glust i glust.

'C'mon, gawn ni gêm o *water polo!*' A'r peth nesaf, mae hi'n sefyll i fyny at ei phengliniau yn y dŵr rhewllyd, gyda'i sgert wedi'i stwffio i mewn i'w nicers, yn swingio ffon golff fel Tiger Woods.

'Ty'd i mewn!' galwa, ond dwi'n ddigon bodlon aros yn sych a gwarchod ein bagiau a'i sgidiau hi. Yna, clywaf waedd.

'*You thieving little buggers!*' Mae dyn mewn siwmper

CRAZEE GOLF gwyrdd yn rhedeg i'n cyfeiriad ni fel tarw. *'Get your bloody hands off my property! Get out of the bloody paddling pool and hand them over or I'm phoning the police!'*

Bron y gallen ni weld stêm yn codi o'i ffroenau. Dwi'n sgrialu i godi ein bagiau ysgol a sgidiau Carys, ond yn dod o fewn trwch blewyn o gael fy nal ganddo. Rhaid i mi redeg i'r unig le wnaiff o ddim fy nilyn i iddo: y pwll padlo. Tydi rhedeg trwy ddŵr ddim yn hawdd, yn enwedig pan mae o'n oer a phan mae gen ti ddau fag ysgol a phâr o sgidiau i'w cadw'n sych. Ches i ddim amser i dynnu fy rhai i cyn i mi orfod neidio i'r pwll, ac maen nhw'n socian ac yn drwm am fy nhraed.

Ond mae help wrth law. Erbyn hyn mae Carys wedi dringo o'r pwll, ac yn sefyll ar yr ochr yn chwifio'r ffon golff fel Buddug yn chwifio gwaywffon. Mae ei llygaid yn fflachio wrth iddi weiddi, *'Take your club! It's crap anyway!'* Yna mae hi'n lluchio'r ffon gyda'i holl nerth i ganol y dŵr.

'Little bitch!' bloeddia'r dyn, ond tra mae o'n rhythu arni hi, dwi'n cael cyfle i ddianc o'i afael. Efo help Carys dwi'n dringo allan o'r pwll. Dwi'n falch i mi lwyddo i gadw ein bagiau'n sych, achos tydw i ddim yn ffansïo egluro i Mr Rees be ddigwyddodd i fy llyfr Ffiseg:

'Rachel Claudia Ross, edrycha ar gyflwr y llyfr 'ma! Sut wnest ti ei ddifetha?'

'Wel, Syr, ymm ... ro'n i'n ceisio dianc rhag dyn oedd ar fy ôl i am fenthyg ei beli golff, ac mi wnes i neidio i mewn i bwll padlo ...'

'Cyfnod cosb, hanner awr wedi hanner, heddiw.'

Mae'r dyn yn y siwmper CRAZEE GOLF wedi tynnu ei

sgidiau a cherdded i'r dŵr i godi pêl a ffon Carys. Mae hi'n cydio yn fy mraich ac yn fy nhynnu i gyfeiriad y brif ffordd.

'Ty'd, neu mi fydd o ar ein holau ni eto!' Mae'r ddwy ohonon ni'n rhedeg i gyfeiriad y dre. Mae fy nhrowsus i'n socian hyd at fy mhengliniau, a dwi'n gadael llinell dywyll wlyb ar y palmant, fel malwen. Yng nghysgod yr adeilad mae'r gwynt yn oer, ac yn sydyn dwi'n dechrau crynu.

'Mae angen sychwr arnon ni,' medd Carys yn benderfynol. 'Ond mae'r un yn nhoiledau Maccy D's wedi torri, ac mae rhai'r llyfrgell wedi cau.'

'Ble arall yn y dre sydd efo sychwr trydan?' Ac yn bwysicach, ble arall yn y dre wnaiff adael ni fynd i mewn trwy'r drws ffrynt yn ein dillad gwlyb? Mae Carys yn cofio bod toiledau cyhoeddus tu allan i Neuadd y Dre, ond wrth i ni gerdded i lawr Queen Street dwi'n cael fflach o ysbrydoliaeth.

'Awn ni i fanna,' dywedaf, gan bwyntio at ddrws Club Calvi.

'Clwb nos?' gofynna Carys, efo golwg go ansicr ar ei hwyneb.

'Bar a chlwb nos.' Dwi'n cerdded trwy'r drws wrth ei hateb. 'Maen nhw'n gwerthu coffi a brechdanau. Dim ond gyda'r nos mae'n rhaid i ti fod yn ddeunaw i fynd i mewn.'

'Ti'n siŵr am hynny?' Mae Carys yn edrych o'i chwmpas yn ofnus.

'Wrth gwrs 'mod i. Dwi'n nabod rheolwr y bar ers blynyddoedd.'

Wel, efallai nad ydw i'n adnabod y rheolwr, ond dwi'n adnabod rhywun sy'n gweithio yno, sydd bron yr un peth. Mel, ffrind gorau Mam, sy'n gweithio y tu ôl i'r bar. Yn ôl

Mam, mi fu hi'n gweithio yno hefyd, yn bell, bell cyn i mi gael fy ngeni. Dyna sut ddaeth hi'n ffrindiau efo Mel.

Mae'n cymryd cwpl o eiliadau i fy llygaid ddod i arfer â'r tywyllwch y tu mewn i'r clwb. Un stafell hir sydd yno, ac er bod yr ardal o amgylch y bar wedi ei oleuo, mae pen pellaf y clwb yn ddu fel ogof. Mae cwpl o fŵths â seddi lledr ynddyn nhw, a lluniau o sêr teledu mewn fframiau ar y wal. Dwi'n adnabod rhai o'r wynebau oddi ar *Coronation Street* a *Hollyoaks*. Tu ôl i'r bar mae peiriant coffi, yn edrych yn od braidd wedi'i amgylchynu gan boteli o wisgi a fodca. Gan fod y clwb yn agos at y traeth, mae'r lle yn llawn dop bob amser cinio yn ystod yr haf gyda thwristiaid yn prynu hufen iâ a brechdanau a diodydd oer, ond heddiw mae'n hollol wag.

Drwy lwc, Mel sydd y tu ôl i'r bar, yn fflicio trwy ryw gylchgrawn efo golwg o ddiflastod pur ar ei hwyneb. Tydi hi ddim hyd yn oed yn edrych arnon ni wrth ein cyfarch.

'We only serve food between twelve and two.'

'Sut ma' hi, Mel? Ers talwm!' Dwi'n swnio'n union fel Mam, ac ar glywed fy llais mae hi'n codi ei phen.

'Rachel! Be ti'n wneud yma? Sut mae dy fam?'

'Iawn ... 'run fath ag arfer. A tithe, Mel?'

'Fedra i'm cwyno. Wel, mi allwn i gwyno ond mi fyse'r bòs yn clywed ... Ddylet ti ddim bod yn yr ysgol heddiw?'

Mae dweud celwydd wastad wedi dod yn hawdd i mi. Dysgais sut i feddwl ar fy nhracd er mwyn osgoi cael cweir gan Dad.

'Roedd Carys a finne ar brofiad gwaith yn y dre, ond mae'r siop 'di gadael i ni fynd adre'n gynnar. Aethon ni lawr i lan y môr amser cinio a gawson ni ein socian gan y tonnau ar y prom.' Dwi'n dangos fy nhrowsus gwlyb iddi, ac mae hi'n dechrau chwerthin. 'Gawn ni bicied i'r toiledau i ddefnyddio'r sychwyr cyn i ni fynd adre, plis?'

'Cewch siŵr, dim problem.' Mae Mel yn pwyntio at gwpl o ddrysau gwyn wrth ochr y bar. 'Yr ail un ydi'r toiled.'

Mae'r toiledau'n ddigon tebyg i rai'r ysgol. Maen nhw'n drewi ac mae pobl wedi sgwennu pethau ar y waliau; ond mae'r pethau ar waliau Club Calvi dipyn gwaeth na *Lisa hearts Chris. IDFT.*

Ond mae'r sychwr yn gweithio ac yn gynnes braf, ac am ddeng munud rydyn ni'n sefyll o dan y llif aer poeth. Tra mae ein dillad yn sychu rydyn ni'n chwarae gêm: chwilio am y graffiti hynaf ar y wal. Carys sy'n ennill, efo rhywbeth a sgwennwyd yn Y2K, sef y slang am y flwyddyn 2000. Doeddwn i ddim wedi cael fy ngeni bryd hynny. Mae'n od dychmygu Mam yn dod yma i weithio, ac efallai i ddawnsio gyda'i ffrindiau.

Pan ddown ni allan o'r toiledau mae Mel wedi gwneud shêc siocled yr un i ni.

'Trît bach i fy hoff eneth a'i ffrind,' medd, efo winc. Un dda ydi Mel. Mae hi mor, mor lyfli, ond am ryw reswm mae hi'n dal i fod yn sengl. 'Tydi'r dynion ddim yn gweld yr holl brydferthwch tu mewn iddi,' dyna farn Mam. *'Fell out of the ugly tree,'* meddai Dad. Ond ar ôl i mi ei gweld hi'n dawnsio'n wyllt i 'Independent Women' gan Destiny's Child ym mharti 40 oed Mam, dwi'n licio meddwl bod ganddi ormod o synnwyr cyffredin i setlo am rywun fel Dad.

'Diolch, Anti Mel!' Mae Carys yn ailadrodd y diolch fel parot ac rydyn ni'n yfed ein diodydd yn farus. Mae hufen iâ yn gymysg â'r llaeth, ac mae'r cwbl yn drwchus ac yn felys, ac yn gwneud dipyn i lenwi'r gwagle yn fy mol.

'Cwmni Calvi's sy'n gwneud yr hufen iâ, w'sti,' eglura Mel. '*Gelato* ydi o mewn gwirionedd, nid hufen iâ.' Ond cyn i mi fedru gofyn iddi beth ydi'r gwahaniaeth, mae ei ffôn yn canu.

'Sgiwswch fi ...' Tynna Mel ei ffôn allan o boced ei ffedog a chamu trwy'r drws agosaf. Er gwaetha'r pren sydd rhyngddon ni gallaf glywed y sioc yn ei llais yn glir.

'O ... o na. Fydda i yno'n syth ... Ie, ie, ffonia'r ambiwlans os oes angen ...' Mae hi'n dod yn ôl i'r clwb gyda'i chôt yn ei llaw a'i hwyneb fel y galchen. 'Gwranda, pwt, mae cymydog Mam newydd ffonio. Mae hi 'di cwympo eto. Rhaid i mi fynd. Mi wna i adael i'r rheolwr wybod ... o, dwi mewn cymaint o lanast! Edrycha, mae 'nwylo i'n ysgwyd! Ydych chi'ch dwy'n fodlon gwarchod y lle jest am chydig funudau? Bydd y rheolwr yma mewn munud, ac fel arfer does 'na neb yn galw mewn ar ôl amser cinio ...'

'Dos di, Mel. Fyddwn ni'n iawn,' dwi'n ateb yn hyderus. Druan o Mel. Mi fedra i ddeall ei phoen – ei mam ydi'r unig deulu sydd ganddi'n fyw.

'Diolch, genod,' galwa wrth adael.

Ni'n dwy sy'n gyfrifol am Club Calvi. Unwaith eto, mae llygaid Carys yn llydan fel rhyw gyw ofnus.

'Be wnawn ni os ddaw cwsmeriaid, isio coffi neu rywbeth i'w fwyta?' gofynna'n nerfus.

'Does dim bwyd ar ôl dau, cofio? Eniwe, ddwedodd Mel na fydd neb yn debygol o ddod ...' Ond dwi'n difaru dweud hynny, achos cyn gynted ag y mae'r geiriau allan o fy ngheg mae dau lanc yn cerdded drwy'r drws. Y ddau lanc o'r orsaf drenau.

'*Ahoy hoy, ladies!*' medd un ohonyn nhw, yr un tal, llydan. Mae gwên yn lledaenu ar draws ei wyneb. '*We meet again! It must be fate!*' Mae'r llall yn dod at y bar ac yn eistedd ar un o'r stolion uchel.

'*I'll have a Bud. Keep the change,*' dywed, gan gynnig y pres i mi. Yn ein gwaelodion du a chrysau gwyn mae'n rhaid bod Carys a finne'n edrych yn ddigon tebyg i staff gweini. Dwi'n llwyddo i agor cwpl o boteli o Budweiser iddyn nhw, ac yna mae'r ddau yn mynd i eistedd yn un o'r bŵths bach ar ochr bella'r stafell. Mae Carys yn rhoi'r papur decpunt wrth ochr y til efo nodyn yn dweud '2 *x Bud*', ac yna rydyn ni'n esgus glanhau'r cownter er mwyn edrych yn brysur ac yn broffesiynol. Dwi'n croesi bysedd ac yn gweddïo na fyddan nhw isio diod arall, nag yn gofyn am newid y tro nesaf.

Yr eildro iddyn nhw ddod at y bar maen nhw'n gofyn am bedair potel o Peroni.

'*Have one with us, girls?*'

Mae rheswm yn dweud na ddylen ni eistedd efo nhw, ond mae Carys yn agor pedair potel arall ac yn mynd i eistedd yn y bŵth. Yn anfodlon braidd, dwi'n ymuno â nhw i gadw llygad arni hi.

'*I'm Mike,*' medd yr un talaf, gan gynnig llaw i ni ei hysgwyd dros y bwrdd.

'*Jake,*' ychwanega'r llall, ond tydi o ddim yn copïo'i ffrind. Mae o'n pwyso'n ôl yn ei sedd ac yn syllu ar ei ffôn. Mike a Carys sy'n cynnal y sgwrs. O fewn pum munud rydyn ni wedi'n rhannu'n dwt i ddau bâr: y *blind date* mwyaf llwyddiannus, a'r *blind date* mwyaf aflwyddiannus erioed.

Tydw i ddim yn adnabod y Carys newydd o 'mlaen i. Mae

hi'n giglan fel peth gwirion, ac yn chwarae efo'i gwallt. Pan ddaw hi'n ôl o'r tŷ bach dwi bron yn siŵr ei bod hi wedi agor botwm ychwanegol ar ei blows ysgol.

Dydi Jake ddim yn cyfrannu i'r sgwrs. Mae o'n eistedd gyferbyn â fi heb ddweud gair, ei fawd yn crwydro dros sgrin ei ffôn. Bob hyn a hyn mae o'n ymestyn o dan y bwrdd ac yn cyffwrdd ei sach deithio, fel petai'n gi ffyddlon. Mae hanner awr yn cropian heibio, ond does dim golwg o Mel, na rheolwr y clwb.

Mae Jake yn rhoi dau bapur ugain i mi ac yn gofyn i mi ddod â photel fodca at y bwrdd, a phedwar gwydr. Dydw i ddim rîli isio yfed siots fodca am ddau o'r gloch y prynhawn, ond mae gan Jake ffordd o edrych arna i pan dwi'n gwrthod sy'n gwneud i mi deimlo fel geneth fach anaeddfed, wirion.

Pan maen nhw'n codi eu gwydrau'n uchel ac yn galw 'iacky da!' mae Carys a finne'n gwneud yr un peth ac yn llowcio'r siot. Dwi'n ysgwyd fy mhen ac yn tynnu tafod, yn methu cuddio pa mor afiach ydi'r fodca. Mae ymateb Carys yn ddigon tebyg. Dwi'n gweld y ddau ddyn yn ciledrych ar ei gilydd, ac mae ias yn rhedeg trwy fy nghorff. Dydw i ddim yn hoffi arwyddocâd yr edrychiad.

Ymhen awr bydd yn rhaid i Carys a finne gychwyn am adref; ond does dim golwg o Mel, a does neb y medrwn ni ofyn iddyn nhw ofalu am y clwb. Fedrwn ni ddim gadael y bar ar agor tra mae'r ddau lanc yma, ond tydw i ddim yn gweld sut fedrwn ni ofyn iddyn nhw adael, chwaith. Dwi'n penderfynu ei bod hi'n hen bryd i mi fynd yn ôl at y bar, a chwilio am rif ffôn rhywun sy'n rhedeg yr adeilad.

Tydw i ddim yn disgwyl llawer o wrthwynebiad gan Jake. Hyd yn hyn, prin rydyn ni wedi torri gair â'n gilydd. Ond wrth i mi godi ar fy nhraed a dechrau casglu'r poteli gwag, mae o'n rhoi llaw gadarn ar fy mraich, gan ddweud, *'We'll only be here another hour or so. Sit back down.'*

'But our boss will be back in a minute, and if he catches us sitting down and ...'

'But he's not here yet, is he? Sit down.'

Dwi'n suddo'n ôl i fy nghadair ac mae Jake yn pwyso pry copyn chwyslyd o law ar fy mhen-glin er mwyn fy angori yn fy sedd. Yn sydyn, dwi'n teimlo fel petai chwa o wynt oer yn chwyrlïo i mewn drwy'r drws, a dwi'n groen gŵydd i gyd. Mae Carys yn sbio arna i'n ofnus – mae braich Mike am ei hysgwyddau ond mae hi'n eistedd yn unionsyth fel doli tsieni, yn gwrthod swatio dan ei gesail.

'Give us your phone numbers,' gorchmynna Mike yn sydyn, gan dynnu ei ffôn allan o'i boced. Does gen i ddim bwriad o wneud hynny.

'Umm ... 0771 ...' Damia. Faint o rifau sydd i fod mewn rhif ffôn? 10? 11? 12? Yna, mae Iesu, Bwda neu'r Bwni Pasg yn cymryd piti arnon ni. Mae'r ffôn y tu ôl i'r bar yn dechrau canu. Mae Mike a Jake yn ei anwybyddu, ac yn mynnu eto ein bod yn rhoi ein rhifau iddyn nhw, ond dwi'n torri'n rhydd o afael Jake ac yn brysio i'w ateb.

'Club Calvi, how may I help you?'

'Rachel? Ti sy 'na?'

'Mel? Ble wyt ti?'

'Gwranda, mae'n debygol bod Mam wedi torri ei hasennau. 'Dan ni'n dal i ddisgwyl am yr ambiwlans. Dos i fyny'r grisiau, wnei di, ac eglura i Shane na fydda i yn y gwaith heno. 'Sdim angen i chi'ch dwy aros ...'

'Pwy 'di Shane?'

'Shane ydi'r rheolwr. Mae o yn y swyddfa i fyny'r grisiau. Ti ddim yn meddwl y byswn i wedi'ch gadael chi yna ar ben eich hunain?' Blydi hel, pam na wnaeth hi egluro fod 'na rywun yn y swyddfa? Ond tydi hi ddim yn rhoi cyfle i mi ofyn y cwestiwn. 'Gwranda, mae'r ambiwlans newydd gyrraedd. Gofynna i Shane fy ffonio i'n hwyrach mlaen ... Hwyl i ti, cyw, a diolch eto.'

Cyn i mi fedru mynd i fyny'r grisiau i chwilio am Shane, mae'r ail ddrws wrth ochr y bar yn agor ac mae o'n cerdded i'r clwb. Wel, dwi'n cymryd mai fo ydi'r rheolwr, gan ei fod o'n gwisgo siwt. Tydi o ddim yn edrych i fy nghyfeiriad i, ond yn mynd yn syth at y bŵth lle mae Carys a'r dynion yn eistedd. Mae o'n ddyn eitha byr, ond yn gyhyrog, ac mae 'na rywbeth am y ffordd mae o'n symud – rhyw hyder a sioncrwydd – sy'n gwneud iddo edrych fel rhywun dwyt ti ddim am ei wylltio. '*Knows how to handle himself,*' fyddai Dad yn ddweud. Rŵan mae o wrth fwrdd y Mike a Jake, yn syllu o un wyneb i'r llall.

'*Get out.*' Mae o'n gostwng ei lais. '*The girls are staying here. You both know that they're under age.*' Mae ei lygaid yn crwydro i'r bag sy'n gorwedd o dan y bwrdd. '*Or would you like me to search your rucksack?*' Mae o wedi taro'r hoelen ar ei phen. Mewn chwinciad mae'r dynion ar eu traed ac yn cipio'u bagiau. Bron nad ydyn nhw'n gwthio Carys allan o'r ffordd yn eu brys i ddianc. Wrth iddyn nhw adael mae Shane yn bloeddio ar eu holau, '*Don't you dare bring drugs into my club again. I know who you are, I know which dealer you work for, and if I catch either of you in here again I'll break your goddamn legs!'*

Does dim rhaid i Shane ailadrodd ei neges. Mae Jake allan o'r clwb fel milgi efo roced fyny ei din. Mae Mike yn chwythu cusan at Carys ac yn dilyn ei ffrind. Yna, mae Shane yn troi i edrych ar Carys.

'Fodca am dri y prynhawn? Ydi'r cyrsiau TGAU mor anodd â hynny?' Mae Carys yn ei heglu hi am y drws ac mi fedra i ddychmygu ei bod hi'n mynd i redeg adref yn gwichian fel un o'r tri mochyn bach.

Mae Shane yn troi ei gefn arna i ac yn mynd i sefyll yn y drws. Yno y mae o'n aros am funud go lew, yn gwylio'r stryd. Tu allan i'r clwb mae sŵn gweiddi – mae'n rhaid bod y pâr wedi rhedeg allan o'r clwb yn syth i ddwylo'r heddlu. Mae Shane yn eu gwylio nhw'n cael eu harestio, gan ysgwyd ei ben.

'*County lines runners* efo sach o gyffuriau bob un,' meddai o. '*Drug dealers* fel nhw sy'n rhoi enw drwg i'r dre.' Mae o'n troi ac yn dod yn ôl at y bar. Dwi'n sylwi ei fod o'n gwisgo du o'i gorun i'w sawdl, a bod hynny'n gwneud iddo edrych fel *ninja* ... a *ninja* blin ar ben hynny. Mae o'n dechrau codi'r gwydrau a'r poteli gwag oddi ar y bwrdd wrth i mi geisio penderfynu a ddylwn i redeg fel y gwnaeth Carys. Ond mae fy mag ysgol o dan y bwrdd wrth ei draed.

'Siots?' gofynna, gan godi'r botel fodca.

'Byth eto,' dwi'n ei ateb. Mae'r blas sur dal yn fy ngheg. Mae o'n gosod y poteli cwrw ar ben y bar, ac yn amneidio'i ben i gyfeiriad bin ailgylchu. Dwi'n ufuddhau ac yn lluchio'r poteli gwag iddo.

'Wyt ti'n gwybod faint o helynt fyset ti'n ei achosi i mi

petai'r heddlu wedi fy nal i efo merched dan oed yn *pissed* yn fy nghlwb? Faint ydi dy oed di?'

Mae gen i ormod o gywilydd i gyfaddef mai dim ond pymtheg ydw i. Dwi'n falch bod y clwb yn ddigon tywyll i guddio fy ngwrid.

'Dwi'n un deg saith.' Mae fy llais yn crynu rhyw fymryn wrth i Shane brysuro i glirio'r bar.

'Dwi'm yn dy gredu di. Taset ti'n un deg saith fyset ti'n gwisgo gwisg y chweched, ac mi wyt ti'n dal i wisgo gwisg yr ysgol iau.' Mae o'n amneidio at fy mag ysgol, a gafodd ei droi ar ei ochr wrth i'r lleill frysio i adael y clwb. Mae fy nhei yn edrych fel neidr aur yn trio dianc ohono. 'I Ysgol Elwy ti'n mynd?'

Tydw i ddim am gadarnhau hynny rhag ofn i Shane ffonio'r ysgol. Ond wrth gwrs, mae o'n gwybod yr ateb yn barod. Mae o'n siarad Cymraeg efo fi. Mwy na thebyg ei fod o ei hun wedi mynychu Ysgol Elwy. Bolycs, bolycs, bolycs.

''Sdim pwynt trio deud celwydd, 'sti. Dwi'n nabod y wisg yn iawn.'

'Plis paid â ffonio'r ysgol.'

'Gwranda, 'sdim ots gen i os wyt ti'n sgeifio ffwrdd o'r ysgol. Tydi hynny ddim ond yn broblem i mi pan wyt ti'n penderfynu dod yma a dechrau llowcio fodca efo cwpl o *drug dealers* o Lerpwl. Ond dwi'n gwybod na wna i dy weld di'n gwneud hynny byth eto.' Mae o'n stopio tacluso'r bar ac yn fy llygadu i.

'Na, wnei di ddim.'

'Dwi ddim isio dy weld di'n tywyllu'r trothwy yma am dair blynedd arall. Mi fydda i'n cadw llygad amdanat ti, coelia fi. A gair o gyngor – pan wyt ti'n ddigon hen i ddechrau yfed, defnyddia dipyn o synnwyr cyffredin. Os wyt ti am dderbyn diod gan ddyn dieithr, cadwa lygad ar dy ddiod, rhag ofn iddo geisio rhoi cyffur *date rape* ynddo.' (Ddarllenydd, plis cymera'r cyngor hwn fel **Sut i Osgoi Helynt #3**.) 'O'dd y bois 'na yn amlwg yn doji. Sut ti'n gwybod na wnaethon nhw roi rhywbeth yn dy ddiod di heddiw?' Dwi'n methu ei ateb. 'Dyna'r peth – wnei di ddim sylweddoli nes y bydd hi'n rhy hwyr. Paid â meddwl na fydd o'n digwydd i ti. Trystia neb. Mae 'na bobl ffiaidd yn y byd 'ma ... 'drycha ar ôl dy hun, iawn?'

Dwi'n gwybod bod Shane yn dweud y gwir. Mi gollon ni reolaeth dros y sefyllfa heddiw, a doedd o ddim yn deimlad braf. Mae dagrau'n llenwi fy llygaid, ac yn ddiamynedd mae Shane yn tynnu papur sychu dwylo o'r gofod oddi tan y bar a'i gynnig i mi.

''Sdim isio i ti grio. Mi o'n i yn fy swyddfa yn disgwyl am yr heddlu ac yn gwylio'r cwbl ar CCTV. Fyddwn i ddim wedi gadael iddyn nhw wneud dim i chi. Ond dysga dy wers, a dweud wrth dy ffrind am wneud yr un peth. Mi fyddwch chi'n gallach y tro nesa. Ac mi fydd Mel yn gallach hefyd, os ydi hi am gadw'i swydd!'

Mae ei lais wedi meddalu digon i mi glywed nad ydi o'n dal i fod yn flin efo fi. Er hynny, y cwbl y galla i ei wneud ydi sefyll o'i flaen, yn igian crio. Dwi'n flin efo fi fy hun am yfed alcohol pan nad o'n i isio ei yfed, am beidio deud 'NA!' wrth Jake pan wnaeth o fy nghyffwrdd i, ond yn bennaf am gael fy hun i'r fath helynt yn y lle cyntaf.

Cerdda Shane at y bŵth a chodi fy mag ysgol. Mae'n gosod fy mhethau yn ôl ynddo'n dwt, a dwi'n ddiolchgar bod fy nhyweli misglwyf wedi'u cuddio mewn cas pensiliau SpynjBob Pantsgwâr.

'Ydi Mr Johnson-Rees dal yna?' mae'n gofyn yn sydyn.

'Ydi. Fo ydi'r pennaeth rŵan.'

'Gas gen i'r boi. Pwy arall sy'n dal yna?'

Dwi'n meddwl am rai o'r athrawon hŷn. 'Mae Mrs Llywelyn a Mrs Blythin yn dal yna.'

'Blydi hel, ydyn nhw ddal i fynd? Mrs Blythin?'

'Hi oedd athrawes gofrestru Mam,' dwi'n cyfaddef.

'Pwy oedd dy fam?'

'Lois Gwenllïan Haf. Jones oedd hi. Ross ydi hi rŵan.'

'Lois Gwenllïan Haf ... wel, wel, am fyd bach.' Mae o'n syllu'n galed arna i, fel petai'n chwilio am rywbeth. 'Ti'm yn edrych yn debyg iddi,' medd yn dawel.

'Nac'dw.' Mae rhyw wres pigog ac yn annifyr yn llenwi fy wyneb.

'C'mon, mi gerdda i adre efo ti.'

'Does dim angen i ti wneud hynny ...'

'Oes. Ty'd 'laen.' Shane sy'n cario fy mag ysgol, a tydw i ddim mewn sefyllfa i ddadlau efo fo. Mae o'n mynd at ddrws ffrynt y clwb ac yn ei ddal o'n agored i mi.

Tu allan, mae'r haul wedi diflannu, a'r gwynt oer yn chwythu sbwriel ar hyd y strydoedd. Mae fy nhrowsus yn dal i fod ychydig yn damp, ac ar ôl i mi dreulio'r awr ddiwethaf mewn stafell gynnes dwi'n rhewi yn fy nghrys ysgol. Dwi'n plethu fy mreichiau er mwyn cuddio'r pwyntiau caled sydd wedi codi'n sydyn ac yn dangos trwy'r cotwm tenau. Wrth i ni sefyll ger y goleuadau traffig mae Shane yn gweld fy mod i'n crynu, yn oedi ac yn tynnu ei siaced.

'Gwisga hon,' gorchmynna, gan gynnig y siaced i mi. Dwi'n ufuddhau, ac yn cerdded yn araf bach adref, gan obeithio y bydd Dad wedi mynd i'r gwaith erbyn i ni gyrraedd Emlyn Grove. Dylai Mam fod allan hefyd. Fel arfer mi fydd hi'n codi Sara o'r ysgol am dri, ac yna'n ei gollwng hi adref efo fi cyn mynd yn syth i lanhau yn yr ysgol Gatholig tan bump. Dylai ei bod hi allan o'r tŷ, ond yna dwi'n cofio ei bod hi wedi cysgu'n hwyr y bore yma. Fel arfer mae hynny'n Arwydd, un ai o feigryn, neu bod ei hiselder hi wedi dod yn ôl. Mwy na thebyg mai yn y gwely y bydd hi o hyd, a Dad wedi mynd i godi Sara o'r ysgol.

Tydi Emlyn Grove ddim yn bell iawn o ganol y dref , ac o fewn dim dwi'n arwain Shane i lawr fy stryd. Mae o'n fy nilyn i at y giât ffrynt ac yn dychwelyd fy mag, o'r diwedd. Dwi'n gweddïo mai Mam yn unig fydd yn y tŷ. Mi fydd hi'n dweud y drefn wrtha i am sgeifio o'r ysgol, ond o leiaf wnaiff hi ddim dweud wrth Dad. Mi fedra i ddychmygu ymateb Dad rŵan: '*And whose bloody fault is it that she missed the bus? You're supposed to get them both ready for school in the morning and you can't even get your own arse out of bed ...*' Ac ymlaen aiff o, nes ei bod hi'n dechrau crio.

Dwi'n troi at Shane ac yn ffugio gwên. 'Diolch am gerdded efo fi.'

'Dim problem,' ateba, ond tydi o ddim yn gadael. Mae o'n sefyll gyda'i ddwylo yn ei bocedi, yn disgwyl i mi gerdded i fyny'r llwybr at y drws ffrynt. Wrth i mi gyrraedd y stepen mae fy nghalon i'n suddo. Dwi'n clywed Dad yn y stafell ffrynt, yn siarad efo Sara.

'*You stay in here until your sister gets home, okay? Don't*

touch the gas heater. Or the cooker. Or the laptop. Just sit there
with your cartoons on and do your homework till Rachel gets
back.' Ar hynny mae'r drws yn agor, a Dad yn fy ngweld i. Mae
o'n sylwi ar y siaced, sy'n llawer rhy ddrud i fod yn perthyn i
mi. *'Why aren't you in uniform? Have you been skiving?'* Yna, mae
o'n gweld Shane yn y stryd. *'And what are you doing with him?'*

Dwi'n edrych dros fy ysgwydd ar Shane ac mae fy ngheg
yn sych fel petai'n llawn tywod wrth i mi ddisgwyl i Shane
ddod draw i esbonio fy mod i wedi cael fy nal yn yfed fodca yn
ei glwb.

'Just asking for directions,' ateba Shane yn ddiniwed. *'D'you*
know where Ryan Jones lives? Thought it was number 8.'

'No,' medd Dad yn swta. *'And even if I did, I wouldn't tell*
you.' Mae tôn Dad yn ymosodol, ond mae Shane yn codi ei
law'n gyfeillgar ac yn cerdded i ffwrdd fel petai Dad heb ei
sarhau.

'Where d'you get that jacket from?'

'Borrowed it.'

'From him?' Mae'n taflu ei ben i gyfeiriad Shane.

'From Carys Wealde. Well, she left it on the bus, so I brought it
home with me to give back to her tomorrow.'

'Looks like a man's jacket to me.'

'She's a big girl.'

'And why are you home so early?'

'I ran from the bus stop. I knew Mum wasn't well.' Mae Dad
yn dal i wgu arna i. Tydi o ddim yn fy nghredu i, ond does
ganddo ddim tystiolaeth gadarn 'mod i wedi camfihafio.

'If I catch you hanging around with blokes like that again,
there'll be trouble. You understand me?'

'*He was just asking for directions ... Who is he, anyway?*'

'*One of your Mum's old friends. He's trouble. Listen, I've got to go. Your Mum's still not well. Behave yourself.*' Ac i ffwrdd â fo i'r gwaith.

Pan ydw i'n saff yn y tŷ dwi'n rhoi ochenaid o ryddhad. Fues i'n andros o lwcus heddiw, mewn mwy nag un ffordd.

(**Sut i Osgoi Helynt #4: Dos i'r ysgol.**)

3

Mae'r lectrig 'nôl ymlaen adref, felly'r peth cyntaf dwi'n ei wneud ydi coginio swper i Sara a finne. Dim ond potel o laeth a hanner dwsin o wyau sydd yn yr oergell, ond mae 'na flawd a thwb o Nutella yn y cwpwrdd top, felly rydan ni'n dwy'n gwledda ar bentwr o grempogau siocled.

Ar ôl bwyd dwi'n gwrando ar Sara'n adrodd ei thablau tri a phedwar, ac fel gwobr am wneud mor dda (a gan fy mod i isio gwisgo i fynd allan), dwi'n gadael iddi hi wylio awr o gartwnau cyn amser gwely.

Af i fyny'r grisiau a newid i fy hwdi Slipknot, jîns du a threiners du, a gan ei bod hi'n oer tu allan, dwi'n gwisgo siaced Shane dros ben yr hwdi. Yna, dwi'n ail-wneud fy ngholur a steilio fy ngwallt. Soniodd Carys fod powdwr talc yn dda os ydych chi wedi rhedeg allan o siampŵ sych, felly dwi'n defnyddio'r talc gafodd Mam mewn set M&S Dolig diwetha, gan ysgwyd y cwbl lot dros fy mhen. Tydi o ddim yn gwneud rhyw lawer heblaw am droi fy ngwallt yn llwyd, ond dwi'n eitha hoffi'r effaith – mae rhyw olwg Marie Antoinette arna i. Dwi'n clymu fy ngwallt mewn bỳn ar dop fy mhen ac yn gwisgo *choker* o fwclis du fel 'mod i'n edrych fel goth o'r *Renaissance*. Hunlun sydyn, a draw i stafell Mam i ddweud ta-ta.

Mae Mam yn gorwedd yn y tywyllwch, efo cadach gwlyb ar ei phen. Weithiau mae hi'n cael meigryn reit ddrwg ac yn methu dioddef sŵn na golau llachar. Weithiau mae hi'n cael iselder ac yn methu dioddef bod yng nghwmni pobl eraill. Ac weithiau mae hi'n cael iselder ond yn cogio bod meigryn ganddi, achos mae pobl yn dueddol o fod yn gleniach os oes gen ti gur pen nag y maen nhw pan wyt ti'n teimlo'n isel.

'Mam? Ti'n effro?'

'Ydw,' medd hi, mewn llais mor fflat ag un o fy nghrempogau.

'Dwi am roi Sara yn ei gwely mewn chwarter awr, ac yna dwi am fynd i 'ngwers ddrama.'

'Heno mae hi? O'r gorau, pwt.'

'Wyt ti isio rhywbeth cyn i mi fynd?'

'Na. Fydda i'n iawn.' Ond fydd hi ddim yn iawn. Dwi'n medru clywed bod ei llais yn drwchus efo dagrau.

'Be sy'n bod, Mam?' Daw saib o ddyfnderoedd y gwely.

'Paid â deud wrth dy dad ... ond ddoe wnes i golli fy swydd.'

'Gest ti'r sac?'

'Gormod o gyfnodau salwch. Ond fedra i ddim helpu bod yn wael efo fy mhen, na fedraf?'

'Na, fedri di ddim.' Dwi'n oedi. 'Ti'n gwybod bod yn rhaid i ti ddeud wrth Dad rywbryd?'

'Mi wna i, unwaith bydd fy mhen yn stopio brifo. Ti'n gwybod be ddeudith o, a dwi'm yn meddwl medra i ddelio efo cur pen a fo mewn tymer ddrwg 'run pryd. Cadwa fo dan dy het, wnei di?'

'Dim problem, Mam. Tria di gysgu rŵan.'

'Diolch i ti, cariad.'

Yn ofalus, dwi'n cau'r drws ac yn sleifio i lawr y grisiau,

efo dillad nos Sara yn fy nwylo. Ddeng munud yn ddiweddarach mae hi yn ei gwely, gyda'i gwisg ysgol ar ei chadair yn barod at fory.

Gan gloi'r drws ffrynt ar fy ôl, dwi'n cerdded i gyfeiriad Vale Road. Dyna lle mae Theatr Fach y Rhyl, a dyna ble dwi'n mynd bob bore Sadwrn a bob nos Fawrth. Dwi'n rhan o'r criw ieuenctid – grŵp o'r enw Streetwyze, a boi o'r enw Dave ydi ein tiwtor. Mae o'n glên ofnadwy, er ei fod o'n methu sillafu i achub ei fywyd. Wedi dysgu Cymraeg mae o, ac yn hoff iawn o'r syniad o gael clwb drama dwyieithog. Ro'n i'n eitha hoff o'r syniad hefyd, nes iddo fo benderfynu bydden ni'n actio *Siwan* gan Saunders Lewis. Nid dyna oedd ein cynhyrchiad mwyaf llwyddiannus. Er hynny, dwi wrth fy modd yn mynychu Streetwyze. Dydw i ddim yn un dda am gofio deialog na gweithio oddi ar sgript; does gen i ddim diddordeb mewn actio'n broffesiynol na chystadlu mewn eisteddfodau na dim byd felly, ond dwi'n joio'r gweithdai dyfeisio ac *improv*. Am gwpl o oriau bob wythnos mae'n gyfle i mi anghofio sut mae pethau adref, a byw bywyd rhywun arall am sbel.

Dwi'n rhedeg gwpl o funudau'n hwyr (fel arfer), ac mae pawb ar y llwyfan erbyn i mi gyrraedd. Ymunaf â nhw, gan ddod o hyd i wagle i mi fy hun yn y gornel.

Mae Dave yn neidio ar y llwyfan ac yn moesymgrymu. 'Noswaith dda foneddigion a boneddigesau, *good evening … Everybody, shoulders back, feet together, heads up, deep cleansing breaths …* mewn trwy'r trwyn, allan trwy'r geg … *Curtis, your* trwyn *is your nose. Don't they teach you Welsh at school?*'

Mae pob sesiwn yn cychwyn gyda'r un ymarferion i'n cynhesu a'n llacio, yn barod at berfformio. Ar ôl i ni wneud siâp coeden (a chath, a phwmpen, a mellten) gyda'n cyrff, mae'n amser i chwarae gêm *spatial awareness*. Na, dim byd tebyg i *Space Invaders*, ond ffordd o ddysgu sut i symud o gwmpas llwyfan wrth berfformio. Enw'r gêm ydi *The Dove From Above*, ac wrth i ni gerdded mewn cylchoedd yn fflapio'n breichiau ac yn gwneud synau fath â pijins, dwi'n clywed llais uchel yn dweud, '*Oh, look, it's the Crow From Below!*'

Does dim rhaid i mi droi fy mhen i wybod pwy sy'n siarad: Eira. Ei Mawrhydi, Brenhines y Bitshys, yn trio fy ngwylltio. Tydi hi ddim yn mynd i lwyddo, achos ro'n i'n arfer gwylio DVD *Shooting Stars* gyda Mam pan oeddwn i'n ifanc. Dwi wrth fy modd gyda Vic a Bob, er nad oes neb o fy ffrindiau yn gwybod pwy ydyn nhw, a falle y gwna i ddechrau defnyddio'r llysenw fy hun. Rachel 'Crow from Below' Ross. Enw da ar gyfer goth.

Ar ôl i ni orffen *The Dove From Above* mae Dave yn ein harwain ni drwy gyfres o stretshys sy'n debyg i ioga, gan alw, 'C'mon, symudwch! Dwi ddim isio'ch gweld chi'n sefyll fel darnau o bren!'

Mae'r un llais eto y tu ôl i mi'n galw, 'All Rachel ddim helpu bod fel darn o bren!' Fel ateb dwi'n perfformio *pirouette* perffaith, ac wrth i mi lanio dwi'n gwenu'n ddel ac yn codi fy mys canol ar Eira.

'*Ladies*, os gwelwch yn dda, bihafiwch!' galwa Dave arnon ni o'r llawr. Dwi'n troi i wynebu blaen y llwyfan gan benderfynu ei hanwybyddu hi o hyn allan. Cenfigennus ydi Eira. Mae hi'n gorfod gweithio'n galed i sefyll allan, tra mae hynny'n dod yn naturiol i mi.

Rydyn ni'n cael ein galw i eistedd wrth draed Dave, ein coesau wedi'u croesi fel plant dosbarth meithrin.

'Heno mae ganddon ni ymwelydd arbennig, o elusen genedlaethol,' meddai, wrth i ddynes gamu allan o dywyllwch yr awditoriwm gan wenu'n swil arnon ni. Mae ganddi wallt coch llachar, a chlustdlysau sy'n edrych fel *dream-catchers* enfawr.

'Noswaith dda bawb. Nadine ydw i, a dwi yma o elusen sy'n gofalu am ddioddefwyr camdriniaeth ddomestig. Ges i fy ngwahodd yma gan Dave, gan fy mod i'n arwain prosiect i godi ymwybyddiaeth o drais a cham-drin o fewn y cartref. Rydyn ni'n gobeithio mynd ar daith o gwmpas ysgolion uwchradd gogledd Cymru i berfformio drama i ddisgyblion sy'n egluro beth yw camdriniaeth ddomestig a pha gefnogaeth sydd ar gael i deuluoedd sy'n ei ddioddef. Ar ddiwedd y ddrama ein bwriad ydi dosbarthu deunyddiau marchnata ...' Mae hi'n estyn pecyn o gardiau bach o boced ei ffrog hipi liwgar, ac yna'n cynnig y pecyn i Curtis. Mae pawb yn cymryd cerdyn ac yn pasio'r pecyn ymlaen i'r person nesaf. Dwi'n cymryd un ac yn ei stwffio i boced fy hwdi heb drafferthu ei ddarllen o. C'mon, Dave, pryd gawn ni symud ymlaen at wneud drama go iawn?

'Rydyn ni'n chwilio am bobl ifanc i chwarae cymeriadau'r ddrama yn y daith o gwmpas yr ysgolion ...' Mae Gareth yn codi ei law. Fo ydi aelod hynaf y grŵp, a does ganddo ddim ofn torri ar draws i ofyn cwestiynau.

'Felly bydd hyn yn digwydd yn ystod amser ysgol?'

'Bydd. Dwi'n ddeall bydd hyn yn amharu rhywfaint ar eich addysg, ond dwi'n gobeithio y byddwch yn fodlon colli rhywfaint o ysgol er mwyn helpu i godi ymwybyddiaeth o fater pwysig iawn.' Does gen i ddim clem beth mae 'codi ymwybyddiaeth' yn ei olygu, ond dwi'n hoffi'r syniad o gael diwrnod allan o'r ysgol yn fawr iawn. 'Os oes ganddoch chi ddiddordeb mewn bod yn rhan o'r prosiect, byddwn ni'n cynnal clyweliadau er mwyn castio pobl addas ...' Dwi'n troi fy mhen rhyw fymryn ac yn ciledrych ar Eira. Mae hi'n gwenu'n siriol ar Nadine gan ddangos ei holl ddannedd gwyn, perffaith. Mae ei llygaid pefriog yn gwichian *Dewis fi! Dewis fi!*

Mae Dave yn dychwelyd i flaen y llwyfan. 'Ond cyn i ni roi'r darnau prawf ar gyfer y clyweliadau i chi, mi wnawn ni dipyn bach o waith i gynhesu at y pwnc. Yn gyntaf, hoffai Nadine a fi eich gweld chi'n creu drama fer, dim mwy na dau neu dri munud, sy'n egluro beth ydi camdriniaeth ddomestig. Dim mwy na phedwar mewn grŵp ...' Mae'n edrych i lawr arna i. 'Rachel, Eira a Gareth, dwi am i chi ffurfio grŵp gan mai chi ydi'r criw hynaf.' Wrth i'r tri ohonon ni sefyll ar ein traed a dod at ein gilydd mae Dave yn sibrwd, 'Maen nhw'n awyddus i gael pobl ifanc sy'n edrych yn ddigon hen i fod yn oedolion, ac actorion sy'n medru siarad Cymraeg. *Play your cards right* a 'dych chi'n garantîd o rôl yn y prosiect.'

Dwi'n hoffi'r syniad o gael diwrnod i ffwrdd o'r ysgol, ond dydw i ddim yn siŵr fy mod i am dreulio'r amser hwnnw gydag Eira, na Gareth chwaith. Ydi, mae o'n *drop dead gorgeous*, efo'i lais dwfn a'i lygaid brown tywyll fel bar o siocled Galaxy ... a'i farf a'i ysgwyddau llydan. 'Trawiadol' meddai Mam, ar ôl iddi ei weld o'n perfformio rôl Llywelyn Fawr yn *Siwan*. ('*Bit full of himself*' oedd barn Dad.) Ond prin y byddai rhywun fel fo, sy'n edrych yn ddeunaw, yn mynd i ysgol breifat ac ar fin dechrau cael gwersi gyrru, yn cydnabod bodolaeth *pleb* bach fel fi. Fodd bynnag, does dim ots gen i os ydi o'n f'anwybyddu fi, achos ar yr achosion prin dwi wedi siarad efo Gareth roedd Eira fel *chihuahua* cenfigennus, yn dangos ei dannedd ac yn barod i frathu. Heno, mae hi'n wên o glust i glust am ei bod hi'n cael cogio bod yn gariad iddo.

'Ocê Gareth, gei di fod yn ŵr a wna i fod yn wraig i ti,' meddai Eira, gan gydio yn ei fraich a gwenu'n ddel. Ond rholio'i lygaid mae Gareth.

'Ma *lesbians* yn medru profi trais yn y cartref,' meddai. 'Pam na wnewch chi'ch dwy fod yn gwpl, a fydda i yn gi neu rwbath?'

'Pwynt teg,' cynigaf, ond mae Eira'n benderfynol.

'Gŵr a gwraig. Geith Rachel fod yn blentyn ... Na, geith hi fod yn gi fel ti'n awgrymu, Gareth!' Ac efo hynny dwi allan o'r olygfa, achos mae gen i ormod o urddas i eistedd o dan y bwrdd yn crafu fy hun a chogio pi-pi ar y llawr. Does 'na ddim byd i mi wneud heblaw eistedd a gwylio Eira'n cynllunio ac yn blocio'r ddrama.

'Ac wedyn wna i ddweud "stopia, stopia Gareth" a gei di wthio fi allan o'r ffordd ... a wna i sgrechian a dechrau crio ac yna gei di daflu fi i'r llawr ...'

Gan nad oes gen i ddim byd o gwbl i'w wneud dwi'n mynd i eistedd ar ochr y llwyfan. Dwi'n gweld Nadine yn edrych i fy nghyfeiriad i a dwi'n gwenu arni, yn pwyntio at Eira ac yn codi fy ysgwyddau. Mae Eira erbyn hyn fel wiwer ar *crack cocaine*, a does gen i ddim siawns o'i chael hi i wrando ar fy syniadau i. Gwenu'n ôl arna i mae Nadine, a dwi'n cael y teimlad ei bod hi'n deall y sefyllfa yn iawn, ac yn cydymdeimlo.

Mae Dave yn clapio'i ddwylo – yr arwydd i bawb dawelu a

dod i eistedd i gefn y llwyfan. Fesul un mae pob grŵp yn mynd at ganol y llwyfan i berfformio. Mae'r rhan fwyaf o'r perfformiadau yn hollol crap a thros ben llestri: gweiddi, sgrechian a lot o baffio llwyfan gwael, fel petaen nhw'n ceisio ail-greu pennod dreisgar iawn o *Eastenders*. Ac ym mhob un, y dyn sy'n ymosod ar y ddynes. Ond dwedodd Nadine fod yr elusen yn helpu *pobl* yn hytrach na merched, achos mae dynion yn medru dioddef hefyd. Dynion fel Mr Mortimer o lawr y stryd. Unwaith, adeg jiwbilî'r Frenhines, gafodd o'i jasio allan o'r tŷ gan Mrs Mortimer, ac mi wnaeth hi falu potel win dros ei ben, reit o flaen pawb. Diolch byth mai potel wag o'r bocs ailgylchu oedd hi.

Ein grŵp ni sy'n mynd olaf. Does gen i ddim byd i'w wneud, felly unwaith eto dwi'n aros ar ochr y llwyfan i wylio. Mae Gareth yn mwmian pethau sy'n swnio'n eitha bygythiol, ac mae Eira'n crio, yn sgrechian ac, o'r diwedd, yn datgan yn ddramatig, 'Fedra i ddim dioddef rhagor! Dwi am dy adael di, a wnei di ddim fy stopio fi!' Dyna pryd mae Gareth i fod i'w gwthio hi i'r llawr. Ond dydi o ddim am ei chyffwrdd hi, ac mae'n rhaid i Eira fwy neu lai ei thaflu ei hun ar lawr y llwyfan. Mae hi'n gorwedd yno am gwpl o eiliadau, gan ffugio crio'n uchel. Mae ei chrio hi gymaint dros ben llestri mae'r plant iau yn dechrau giglan. Car crash go iawn. Dwi mor, mor falch nad o'n i ar y llwyfan efo nhw.

Yna, mae Nadine yn troi ata i ac yn dweud yn garedig, 'Ti ... y ferch mewn du, oes gen ti rywbeth i'w ddangos i ni?'

Dwi'n codi ar fy nhraed, yn barod i roi cynnig ar syniad sydd wedi bod yn mudferwi yn fy mhen.

''Sgen i ddim byd wedi'i baratoi, ond mi wna i fy ngorau ...

Gareth, gei di fynd.' Yna, dwi'n plygu fy mreichiau ac yn sbio i lawr fy nhrwyn ar Eira. Mae hi'n codi ar ei heistedd ac yn syllu'n ôl yn ofnus arna i.

'Ti am adael, wyt ti? Fy ngadael i?' Dwi'n gostwng fy llais, gan geisio dynwared Dad pan mae o mewn tymer. Mae llygaid Eira yn gul a'i dannedd yn dangos.

'Ydw, dwi am fynd a fedri di ddim fy stopio fi!' Mae hi'n poeri'r geiriau yn eofn, ond yn syth ar ôl i mi glywed y gair 'ydw', dwi'n mynd draw at y pentwr o fagiau ac yn codi ei bag Michael Kors hi. Mae hi'n flin efo fi'n syth am feiddio cyffwrdd ei stwff hi. Bydd hi'n gandryll mewn eiliad, achos dwi'n agor y bag ac yn tywallt ei gynnwys dros y llawr wrth ei thraed. Mewn chwinciad dwi'n dod o hyd i'w hallwedd a'i phwrs, ac yn eu dal nhw fodfedd o flaen ei thrwyn er mwyn ei phryfocio.

'Gawn ni weld pa mor bell ei di heb rhain ...'

'Rho nhw'n ôl! Paid ti â chyffwrdd ynddyn nhw! Fi bia nhw!' Mae hi'n dal i fod yn flin am fy mod i wedi mynd trwy ei phethau hi; ond mi wela i'r ofn yn ei llygaid. Dwi'n torri'r rheolau. Does ganddi ddim clem beth dwi am ei wneud nesaf. Perffaith. Dyna sut dwi am iddi hi deimlo. Dwi am iddi deimlo'n ofnus, fel yr ydw i, bob un diwrnod. Dwi'n rhoi'r pwrs a'r allwedd ym mhoced ôl fy jîns ac yn plygu ymlaen, fel bod ein hwynebau fodfeddi'n unig oddi wrth ei gilydd.

'Fi dalodd amdanyn nhw. Fi bia nhw. Fi sy'n eu cadw nhw.' Ac efo hynny, dwi'n troi ar fy sawdl ac yn gadael y llwyfan. Tawelwch. Ac yna, mae Nadine yn camu ymlaen gan guro'i dwylo'n ysgafn.

'Rachel oedd yr unig un, hyd y gwela i, sy'n llawn ddeall ystyr camdriniaeth ddomestig. Ydi, mae'n golygu trais ac ymosodiadau llafar. Ond gall hefyd olygu rheoli person yn emosiynol, rheoli arian, rheoli symudiad a rhyddid, bod yn fygythiol, neu ymosod ar rywun yn rhywiol. Ac fel y nododd Rachel, pan ddewisodd hi Eira yn bartner, mae camdriniaeth ddomestig yn medru effeithio ar bobl o bob rhywioldeb, oed, crefydd a chefndir. Ein gobaith yw y bydd y prosiect drama hwn yn ein helpu ni i chwalu'r ystrydebau o gwmpas camdriniaeth ddomestig, a rhoi gwybod i bobl nad oes rhaid i rywun ddioddef llygaid duon cyn gofyn am gymorth. Diolch yn fawr i chi am berfformio mor dda heno, a dwi wir yn gobeithio y bydd ganddoch chi ddiddordeb mewn bod yn rhan o'r prosiect efo fi.'

Unwaith eto mae Nadine yn gwenu arna i, ond dwi'n gadael yn gyflym, rhag ofn ei bod hi am gael sgwrs. Dwi'n mynd draw at Eira ac yn cynnig ei phwrs a'i hallwedd yn ôl iddi. Mae hi'n eu cipio nhw allan o fy nwylo ac yn troi ei chefn arna i'n bwdlyd. Bydd hi'n uffernol efo fi fory yn yr ysgol, mi wn i hynny o brofiad.

Mae Gareth yn galw fy enw i, ond *no way* dwi am aros ar ôl ar ddiwedd y wers. Does neb yn hoffi *teacher's pet*.

Cerddaf allan o'r Theatr Fach i ddüwch y nos. Mae'r tymheredd wedi plymio, a dwi'n rhoi fy nwylo ym mhocedi siaced Shane ac yn cerdded yn gyflym i gadw'n gynnes.

Heb i mi sylweddoli fy mod i'n gwneud, dwi'n dechrau byseddu rhywbeth y tu mewn i'r boced. Gallaf deimlo rhywbeth sgwâr, ond mae'r boced ei hun yn wag. Dwi'n bodio drwy leinin y siaced ac yn canfod poced arall ar y tu mewn ... ac ynddi mae bocs a thri chondom ynddo.

Dwi wedi gweld condoms mewn gwersi Addysg Rhyw, wrth gwrs, ond erioed wedi cyffwrdd mewn un o'r blaen. Am eiliad dwi'n ystyried eu cadw nhw, rhag ofn i sefyllfa annisgwyl godi (ahem) ryw ddydd. Ha, ha, ha. Fydd neb isio cael secs efo fi.

Dwi'n mynd i roi'r bocs yn ôl yn y boced fach, ond mae fy chwilfrydedd yn gwneud i mi agor un o'r pacedi ffoil bach. Dwi'n sefyll dan olau lamp stryd ac yn tynnu'r condom allan o'i baced ffoil. Mae o'n debyg i fys ar faneg golchi llestri, ond yn deneuach ac yn seimllyd, ac mae 'na oglau od arno. Mae 'na smotiau bach o rwber arno hefyd. Ocê, tydi o'n ddim byd tebyg i faneg golchi llestri. Beth ydi pwrpas y smotiau? Edrychaf ar gefn y bocs, ac yng ngolau'r lamp gallaf weld y geiriau *ribbed for her pleasure*. Dwi'n dychmygu Shane yn y gwely ac yn teimlo fy hun yn cochi. Ddylwn i ddim meddwl amdano fel'na. Mae o gymaint yn hŷn na fi – rhaid ei fod o yn ei bedwardegau. Mae o'n edrych fel Count Dracula achos maen nhw'r un oed. *Ancient.*

Yn sefyll yng nghanol y stryd efo condom Shane yn fy nwylo dwi'n dechrau teimlo braidd yn wirion. Cerddaf yn frysiog nes i mi ddod at fin sbwriel, ac yna dwi'n gwthio'r rwber a'r paced ffoil i berfedd y bin.

Bydd yn rhaid i mi ddychwelyd y siaced i Shane yn fuan. Mae'n rhy ddrud o lawer i mi ei chadw. Ond mi wna i gadw'r ddau gondom arall, rhag ofn y bydd angen i mi ddysgu gwers i Eira ryw ddydd. Dychmyga ei hwyneb wrth y til yn ffreutur yr ysgol wrth i gondom disgyn allan o'i phwrs! Ffordd wych o dalu'r pwyth yn ôl y tro nesaf iddi roi gwm cnoi yn fy ngwallt neu geisio fy maglu yn y coridor.

Erbyn hyn dwi wedi cyrraedd pen fy stryd. Dwi'n sleifio'n dawel bach i'r tŷ, ond mae Mam yn effro ac yn eistedd wrth fwrdd y gegin yn yfed cwpaned o de mintys. Dim caffein iddi hi pan fydd ganddi feigryn.

'Ti'n iawn, Mam? Teimlo'n well?' Dydi hi ddim yn ateb. 'Mam?' O diar. Mae golwg bryderus ar ei hwyneb.

'Rachel, dwi'n gwybod nad est ti i'r ysgol heddiw. Ges i alwad ar fy ffôn symudol.'

'Methu'r bws wnes i.'

'Be wnest ti drwy'r dydd?'

'Cerdded y strydoedd efo Carys Wealde ... cerdded lawr i Splash Point ac yn ôl i Bont y Ddraig ... Yna weles i Mel.'

'Welsoch chi Mel? Pryd? Ble?'

'Yn Club Calvi.' Mae cefn Mam yn sythu, a'i dwylo'n cydio yn ei chwpan yn dynn.

'Dwi ddim isio i ti fynd yn agos at y lle 'na!' medd, yn annaturiol o ffyrnig. 'Wyt ti'n gwybod pa fath o bobl sy'n rhedeg y clwb 'na? Gwranda arna i, Rachel, dwi ddim isio i ti fynd ar gyfyl y lle yna byth eto!'

'Pa fath o bobl ydyn nhw?'

'Y math o bobl dydw i ddim am i ti eu hadnabod. Iawn?'

'Iawn.'

Mae hi'n codi ac yn mynd at y sinc, yn gwagio ei chwpan ac yn ei golchi. 'Mae'n amser gwely. Ffwrdd â ti.'

Mae Mam yn mynd yn ôl i'r gwely, medde hi, ond tydi hi ddim yn cysgu. Mae hi'n cerdded yn ôl ac ymlaen ar draws ei stafell fel llew mewn caets. Gwichia astell bren bob tro mae hi'n camu arni, a dwi'n gorwedd yn y tywyllwch yn cyfri'r gwichiadau. Ar ôl iddi gerdded o un ochr y stafell i'r llall dri deg o weithiau, dwi'n codi ac yn mynd at ei drws hi i ofyn, 'Ti'n iawn, Mam?'

'Ydw. Dos i gysgu, Rachel. Mae gen ti ysgol fory.'
Mae hi'n rhoi'r gorau i gerdded nôl a mlaen. Ond dwi'n gwybod y bydd hi'n dal yn effro.

4

Mae'r tŷ yn crynu wrth i Dad gau'r drws ffrynt. Dwi'n ymestyn am fy ffôn ac yn goleuo'r sgrin i weld ei bod hi'n chwarter wedi hanner nos. Er i mi dynnu'r cwilt dros fy mhen, gallaf glywed sŵn ei draed yn dringo'r grisiau, y toiled yn fflysio a'r tegell yn berwi wrth i Mam wneud paned iddo. Rhaid ei bod hi dal yn effro. A rŵan dwi'n rhy effro i fynd yn ôl i gysgu! Mae waliau'r lle 'ma fel papur sidan. Mae gan Mrs Jordan drws nesaf bedwar o blant a llais fel megaffon, ond heno mae'r cymdogion yn dawel – yn ddigon tawel i mi fedru clywed sgwrs Mam a Dad yn y gegin.

'*So I said to him ... if you don't like it you can take a running jump ... Bloody cheek of him!*' Tawelwch wrth i Dad lowcio'i swper. '*Speaking of cheek, you'll never guess who I caught outside earlier.*'

'*Who?*'

'*One of those Calvi brothers, sniffing round our Rachel ...*'

'*Which one?*'

'*Not the one you were in school with, the younger one ... Shane? Any chance of another slice of toast?*'

Maen nhw'n troi'r teledu ymlaen, ac alla i ddim clywed rhagor.

Rhaid fy mod i wedi syrthio i gysgu, achos cyn pen dim mae'n fore ac mae Mam yn sefyll ger fy ngwely efo paned yn ei llaw.

'Bore da, cyw!'

'Ti'n teimlo'n well, Mam?'

'Lot gwell, 'nghariad i, diolch i ti.'

Dwi'n falch bod ei chur pen wedi mynd, achos mae un uffernol o ddrwg gen i. Mae Mam yn siriol fel y gog heddiw, ac mae sŵn ei llais fel morthwyl trwy fy mhenglog.

'Dwi am fynd yn syth i'r ganolfan waith ar ôl mynd â Sara i'r ysgol heddiw. Mae'r *immersion heater* ymlaen felly mi fydd digon o ddŵr poeth i ti gael cawod a golchi'r stwff llwyd 'na allan o dy wallt. Brysia, dwi am wneud wyau ar dost i frecwast.'

Wrth i mi sefyll dan y gawod dwi'n cofio manylion y sgwrs glywes i neithiwr. Mae gan Shane s'nâm rŵan: Calvi. Shane Calvi, fel enw'r clwb. Am enw od. Tebyg i fy enw i, mewn ffordd: hanner plaen, hanner egsotig. Cal-vi. Enw o ddwyrain Ewrop? Rwsia? Yr Eidal, efallai? O'r Eidal ddaeth y Maffia yn wreiddiol – o wrando ar Mam yn siarad neithiwr fyset ti'n meddwl bod Shane yn rhyw gangster peryglus. Roedd hi'n swnio fel petai arni wirioneddol ei ofn o.

Ond does arna i ddim ofn Shane Calvi. Do, mi wnaeth o fygwth torri coesau Mike a Jake, a do, mi wnaeth o ddychryn Carys. Ond fe allai o fod wedi fy nhaflu i allan o'i glwb a gadael i'r heddlu fy nal i. Yn lle gwneud hynny, rhoddodd gyngor i mi sut i gadw fy hun yn ddiogel. Fe allai o fod wedi achwyn wrth Dad a chreu helynt anferthol i mi, ond soniodd o ddim gair 'mod i wedi sgeifio, na 'mod i wedi bod yn yfed. A rhoddodd fenthyg ei siaced i mi.

Dwi'n hopian allan o'r gawod ac yn lapio fy hun mewn tyweli. Maen nhw'n ffres allan o'r sychwr ac yn gynnes braf.

Gwelaf siaced Shane yn hongian ar gefn fy nrws, a phenderfynu y bydd yn rhaid i mi ei dychwelyd hi, a diolch iddo am fy nghadw i allan o helynt. Ydw, dwi'n cofio bod Mam wedi fy ngwahardd i rhag mynd ar gyfyl y clwb eto, ond wnes i ddim *addo* peidio mynd. 'Iawn' ddwedes i. *Technicality* bychan ond pwysig – tydw i ddim am dorri unrhyw addewid.

Dwi'n cerdded efo Mam a Sara cyn belled â Ffordd Las (neu Fordlass fel mae pobl ddi-Gymraeg yn ei alw fo). Mae Mam yn dal i fod mewn hwyliau annaturiol o dda, ac yn trio codi cywilydd arna i drwy roi smacar o gusan ar fy nhalcen. Dwi'n hoffi ei gweld hi fel hyn.

Rydyn ni'n gynnar (am unwaith), felly does dim rhaid i mi frysio i gyrraedd fy safle bws – mae Carys yno hefyd, ac yn syth wedi i mi groesi'r ffordd mae hi'n rhoi cwtsh i mi.

'Rach, diolch byth dy fod ti'n ocê ... ro'n i'n poeni amdanat ti!' Yn amlwg doedd hi ddim yn poeni digon i ddod yn ôl i'r clwb i chwilio amdana i, na gyrru neges i mi ar Insta i jecio fy mod i'n iawn. 'Welest ti'r heddlu? Naethon nhw arestio Mike a Jake! Roedd eu bagiau nhw'n llawn cyffuriau! Meddylia, mi wnaethon ni dreulio'r pnawn efo dynion sy'n delio cyffuriau! A be ddigwyddodd efo ti a rheolwr y clwb? Oedd o'n flin efo ti?'

'Oedd, i ddechrau.'

'Be wnaeth o?'

'Deud na ddylwn i dderbyn diod gan ddynion dieithr, ac i beidio hongian o gwmpas efo *drug dealers*. Roedd o isio i mi basio'r neges ymlaen i ti hefyd. Wedyn, aeth o â fi adre. Mae Shane yn foi iawn.'

'Shane? Ti'n gwybod ei enw o! Roedd gen i ofn siarad efo fo!'

'Tydi o ddim mor sgêri â hynny.'

'Wwwwww ...' Mae wyneb Carys yn goleuo fel pwmpen Calan Gaeaf. 'Mae gen ti grysh arno fo!'

'Nagoes!'

'Ti'n cochi! Oes, mae gen ti grysh ar Shane ...'

'Dwi ddim yn cochi! Mae o'n hen! Shyrryp, Carys!' Mae hi'n giglan, ac yn amlwg ddim yn fy nghredu. 'O leia sgen i ddim crysh ar *drug dealer*!' Dwi'n gwthio fy mronnau allan, ac yn gwneud siâp twll tin cath efo fy ngheg fel y gwnaeth Carys. 'Wwww, Mike, ti mor gryf! Mae dy gyhyrau di mor fawr!' Carys sy'n cochi rŵan.

'Paid â sôn am y boi 'na byth eto!'

'Iawn, a wnawn ni ddim sôn am Shane byth eto chwaith. *Deal?*' Gan ysgwyd llaw fel dwy ddynes fusnes, rydyn ni'n gwenu ar ein gilydd.

Damia. Wrth i mi eistedd yn fy nosbarth cofrestru dwi'n sylweddoli na ches i nodyn absenoldeb gan Mam. Mae Miss Humphreys yn carlamu trwy'r gofrestr, a does dim amser i mi ffugio un.

'Daniel Price ...'

'Yma.'

'Lleuwen Prydderch ...'

'Yma!'

'Rachel Ross ...'

'Yma.'

'Oes gen ti lythyr absenoldeb i mi, Rachel?'

'Wedi'i anghofio fo. Sori, Miss.'

'Bydd yn rhaid i ti fynd i weld Mr Tate. Mae o am gael gair efo ti ynglŷn â dy absenoldebau.'

'Iawn, Miss.' Mae hi'n troi'n ôl at ei chofrestr.

'Huw Reynolds ... O, a Rachel?'

'Ie, Miss?'

'Well i ti olchi'r stwff 'na oddi ar dy wyneb cyn mynd i weld Mr Tate.'

Mi wyddwn i y byswn i'n cael ffrae am wisgo colur. Er hynny, dydw i ddim am olchi fy wyneb cyn mynd draw at swyddfa Mr Tate, achos dwi'n gwisgo pensil llygad *Xtra Stay* mewn *Darkest Black* a wnaiff o ddim dod i ffwrdd efo llond llaw o bapur toiled gwlyb. Mae Dad yn dweud bod angen i mi ddefnyddio *paint stripper* i olchi fy wyneb.

Mae'n gas gan Mr Tate golur. Unwaith, rhoddodd baced o *wet wipes* i mi, a bu'n rhaid i mi sgrwbio fy nghroen am funud go lew cyn ei berswadio fo nad oeddwn i'n gwisgo colur heblaw am y stwff du ar fy llygaid. Ei ymateb oedd, 'Wel, mae angen i ti dreulio mwy o amser yn yr awyr iach felly. Cael gwared â'r olwg welw 'na a chael chydig o liw haul!' Y diwrnod wedyn es i draw i Poundstretcher i brynu bloc o *bronzer* rhad i droi fy wyneb yn oren sgleiniog. Pan ddeudodd o, 'Rargol, Rachel, beth wyt ti wedi'i wneud i dy wyneb?' atebais, 'Cael gwared ar fy nghroen gwelw, Syr. Tipyn o liw haul.' Ges i gyfnod cosb, ond roedd o werth bob munud o'r amser cinio gollais i.

Fel y medri di ddychmygu, tydi Mr Tate dim yn hoff iawn ohona i. (**Sut i Osgoi Helynt #5: Paid â lliwio dy wyneb yn oren i wylltio dy bennaeth blwyddyn.**) Dwi'n cnocio ar ddrws ei swyddfa. Daw'r ateb, 'Tyrd!' fel petai o'n galw ar gi.

'Miss Ross. Yma unwaith eto.' Mae'n gwthio'r paced o *wet wipes* ar draws y bwrdd. Dwi'n cymryd un ac yn rhwbio fy llygaid, ond dydi'r *eyeliner* ddim am ddod i ffwrdd.

''Nes i anghofio fy llythyr absenoldeb, Syr.' Mae o'n teipio fy enw i'w gyfrifiadur ac yn edrych ar fy nghofrestr, gan ysgwyd ei ben yn siomedig.

'Mae gen ti dipyn o absenoldebau anawdurdodedig yma, Rachel. Ai dy goes sy'n peri problem i ti?'

'Na, Syr. Dwi'n dod â llythyr doctor ar gyfer apwyntiadau ysbyty.'

'Pam yr holl absenoldebau, felly?'

'Weithiau dwi'n sâl. Weithiau mae Mam yn sâl a dwi'n edrych ar ei hôl hi. Ond colli'r bws wnes i ddoe, a doedd gen i ddim ffordd o gyrraedd yr ysgol.'

Mae o'n troi ei gadair yn ôl i wynebu'r ddesg ac yn craffu arna i drwy ei sbectol drwchus. Mac o'n edrych fel Norman Preis wedi heneiddio.

'Ti'n edrych ar ôl dy fam, yn dwyt ... Ydi popeth yn iawn adre, Rachel?'

'Ydi, Syr.'

'Oes yna rywbeth hoffct ti drafod efo ni? Oes rhyw ffordd y medrwn ni dy helpu di i gyrraedd yr ysgol bob dydd?' Ddylwn i ddim bod wedi sôn fod Mam yn sâl.

'Na, Syr.' Mae Tate yn ochneidio. Dwi'n eitha siŵr ei fod o'n gwybod bod Mam wedi gorfod aros yn yr Uned Seiciatryddol, ond dydi o erioed wedi trafod y peth efo fi. Dydw i ddim yn trafod y peth efo neb, achos fel mae Dad yn dweud, '*Who wants Social Services sniffing around?*'

'Wel, os na fedrwn ni dy helpu ... tria dy orau glas i gyrraedd yr ysgol o hyn allan. Iawn, Rachel?'

'Iawn, Syr.' Yn ddiolchgar fy mod i wedi osgoi ffrae ganddo, dwi'n dianc o'i swyddfa ac yn brysio at y bloc Cymraeg ar gyfer fy ngwers gyntaf.

Yn set 2 ydw i, ac yn anffodus, mae Eira yno hefyd. Mae hi wedi'i hamgylchynu gan ei chriw ffyddlon, ond mae ei llais uchel yn cario'n glir ar hyd y coridor. Dim gwobr am ddyfalu am bwy mae hi'n siarad ...

'... Mynd trwy fy mag, rhoi ei dwylo budr ar fy mhethe i! Siŵr nad ydi hi wedi arfer efo stwff newydd – mae ei holl eiddo hi'n dod o *charity shop*! Os ydi hi'n fy nghyffwrdd i jest unwaith eto wna i rwygo'i gwallt allan ...' Chwerthin gan ei chriw. 'Ddylech chi fod wedi'i gweld hi'n actio neithiwr. Roedd hi'n shit. Dwn i'm pam eu bod nhw'n canmol gymaint arni. Os gaiff hi rôl yn y prosiect drama dwi am gerdded allan. Mae o'n ddigon drwg eu bod nhw'n gwneud i ni berfformio yn Gymraeg – pwy sy isio bod yn rhan o *freak show* hefyd?'

Erbyn hyn dwi'n sefyll reit ar ymyl y grŵp, ond gan fod pawb yn edrych ar Eira does neb wedi sylweddoli fy mod i yma, efo fy mreichiau wedi'u plethu ar draws fy mrest, yn gwrando'n astud ar bob gair. 'Ddylen ni berfformio *Pinocchio* nesa – fyse hi'n *ideal!*' Mae hi'n dynwared Pinocchio drwy siarad mewn llais plentynnaidd. '*I'm a real girl ... Oh no, I'm not. I'm still a wooden-legged freak!*' Mwy o chwerthin. Dim ond Carys sy'n edrych yn anghyfforddus. Dwi'n fwy nag anghyfforddus. Dwi'n gandryll. Gan daflu fy mag i'r llawr, dwi'n gwthio fy ffordd i ganol yr haid.

'*Carbon fibre actually, bitch.*' Mae Eira yn troi rownd ac yn gwenu'n sbeitlyd, ond cyn iddi fedru dweud gair arall, dwi'n ei llorio hi efo *right hook*. Gydag un ergyd mae hi'n fflat ar ei phen ôl. Mae rhywun yn gweiddi, '*Girl fight!*' ac mae pawb yn neidio'n ôl i wneud lle i ni baffio. Dwi'n bwrw un ergyd ar ôl y llall ar ei phen hi. Mae un o'i dwylo hi'n saethu allan ac yn crafu fy wyneb, yna mae hi'n cydio yn fy ngwallt ac yn tynnu'n galed. Mewn ymgais wyllt i'w hatal hi rhag rhwygo'r gwallt allan o 'mhen i, dwi'n ei chicio hi'n galed efo fy nghoes dde. Yn anffodus iddi hi, mae fy nghoes dde yn goes brosthetig. (Ddo' i'n ôl at hynny mewn eiliad.)

Mae Eira'n gollwng ei gafael ar fy ngwallt er mwyn cydio yn ei ffêr, gan sgrechian fel cath ar noson tân gwyllt ac edrych i fyny arna i â llygaid dagreuol. Yna, teimlaf ddwylo cadarn ar fy ysgwyddau.

'Rachel, Rachel ... Gad hi, Rachel.'

Mr Lloyd, yr athro Cymraeg gorjys o Gaerdydd. Mae o'n siarad yn dawel ac yn ffeind, fel petai o'n siarad efo ci dieithr i geisio'i atal o rhag brathu. Ond does dim angen iddo boeni fy mod i am ymosod eto. 'Der 'da fi, Rachel. C'mon, der mas i ti gael golchi dy wyneb.' Dwi'n gadael iddo fy nhywys i o'r coridor ac i'r cyntedd gyferbyn. Er bod y drws yn cau ar ein holau, gallaf glywed Eira yn beichio crio fy mod i wedi torri ei choes hi. Dwi'n cwympo ar fainc ac yn rhoi fy mhen yn fy nwylo.

'Shit. Dwi mewn helynt.'

'Wyt, mae gen i ofn.' Mae Mr Lloyd yn rhoi cadach i mi ei ddal yn erbyn fy nhrwyn, lle mae ewinedd Eira wedi crafu'r croen yn ddwfn.

Gwranda, tydw i ddim yn trio esgusodi fy hun. Roedd o'n anghywir i ymosod ar Eira, ac wrth i mi eistedd yn y cyntedd efo fy mhen yn fy nwylo, dwi'n llawn cywilydd am yr hyn wnes i. Ond dwi am i ti geisio deall pam es i'n wyllt pan soniodd Eira am Pinocchio.

Petai hi wedi dweud fy mod i fel Nemo, Captain Hook, Tiny Tim neu unrhyw gymeriad cartŵn arall ag anabledd, mwy na thebyg y byddwn i wedi rhoi'r bys canol iddi hi. Ond mae unrhyw sôn am Pinocchio yn cyffwrdd nerf. A dweud y gwir, mae o'n gwneud mwy na chyffwrdd – mae o'n jamio cyllell i hen graith.

Tua chwech oed oeddwn i pan wylies i *Pinocchio*. Ffilm digon sgêri: bechgyn bach yn troi'n fulod ac yn brefu am eu mamau, a'r hen ddyn hyll sy'n cipio plant oddi wrth eu teuluoedd ... Roedd yn rhaid i mi wylio'r rhan fwyaf o'r ffilm o'r tu ôl i glustog. (Cofia, dim ond chwech oeddwn i.) Ond y darn gwaethaf oedd y diwedd, pan mae'r Blue Fairy yn troi Pinocchio yn fachgen o gig a gwaed. Roeddwn i'n deall pam oedd hynny mor bwysig i Pinocchio; achos fel fo, roeddwn i wedi cael digon o fod yn wahanol i bawb arall. Roeddwn i wedi cael hen ddigon o gael pobl yn syllu arna i yn y stryd, digon o blant yn y pwll nofio'n gofyn mewn llais uchel, '*Did that little girl have her leg chopped off?*' (Fyddwn i wastad yn ateb, '*A shark bit it off in this pool.*' Llwyddais i wneud i fwy nag un ohonyn nhw grio.) Ar ddiwedd y ffilm dwi'n cofio edrych i lawr ar fy nghoes dde a meddwl pa mor grêt fyddai hi petai'r Blue Fairy yn medru rhoi fy nghoes go iawn yn ôl yn ei lle. Cafodd Pinocchio fod yn blentyn normal, pam nad oedd hi'n bosib i mi gael yr un peth? Ble oedd fy nhylwythen deg i?

Ond ar ddiwedd y ffilm eglurodd Mam mai stori hud a lledrith oedd *Pinocchio*. Roeddwn i'n flin efo hi am esbonio nad oedd tylwyth teg yn bodoli, ond yn fwy blin byth wrth i mi sylweddoli y byddwn i'n styc efo fy stwmp hyll am byth. Fyddwn i'n wahanol i bawb arall am weddill fy mywyd; ac am weddill fy mywyd byddai'n rhaid i mi ddioddef pobl yn pwyntio ata i, ac yn chwerthin fel roedd rhai o'r plant cas yn yr ysgol yn ei wneud. Am weddill fy mywyd mi fyddwn i'n stryglo i gerdded pan oedd hi'n llithrig dan draed. Fyddwn i'n edrych yn od mewn siorts neu sgert. Torrais fy nghalon. Ar ddiwedd y stori cafodd Pinocchio fod yn blentyn cyflawn, go iawn. Mi fyddwn i wedi rhoi *pob un* o fy My Little Ponies i gael fy ffêr a fy nhroed yn ôl. Ond am weddill fy oes, mi fyddwn i'n styc efo hanner coes. Mae hynny'n beth eitha crap i'w sylweddoli pan wyt ti'n chwech oed.

Erbyn hyn mi wn i nad oes dim byd arbennig o wych am fod yn 'normal'. Hefyd, dwi'n gwybod fy mod i'n hollol ôsym. Ond tydw i erioed wedi medru gwylio *Pinocchio* eto, achos mae'r atgofion yn dod fel *flashback*, a gallaf gofio'n glir sut deimlad ydi casáu sut dwi'n edrych. Tydw i ddim yn hoffi cofio amser mor dywyll.

Am fisoedd mi fues i'n dioddef sylwadau Eira am faint o *freak* ydw i gan mai dim ond un coes sydd gen i. Fel arfer dwi'n ceisio ei hanwybyddu hi, ond heddiw ddwedodd hi'r peth anghywir, ac am funud teimlais gywilydd o 'nghorff, cywilydd am fod mor wahanol i bawb arall. A tydw i ddim yn hoffi teimlo cywilydd. Dyna pam wnes i wylltio cymaint.

Dwi'n meddwl bod Mr Lloyd yn deall hyn, achos tydi o

ddim yn flin efo fi o gwbl. Mae o'n rhoi diod o ddŵr i mi ac yn gadael i mi gael cwpl o funudau ar fy mhen fy hun i dawelu.

'Gest ti dy bryfocio, do?' mae o'n gofyn; ond cyn i mi fedru egluro daw Mr Tate i'r ffreutur i chwilio amdanaf.

'Rachel?' Mae Mr Tate yn gwgu i lawr arna i drwy ei *bin lids*. Ydw, dwi mewn lot o helynt. 'Mae Mr Johnson-Rees am dy weld di, ar unwaith.' Andros o helynt. Bydd y gosb yn llawer gwaeth na chyfnod cosb, mi wn i hynny'n barod. (**Sut i Osgoi Helynt #6: Paid â chicio rhywun. Dim ots faint maen nhw'n dy bryfocio di, paid â'u cicio nhw. Yn enwedig os oes gen ti goes brosthetig.**)

5

Mae pethau mor ddifrifol mae'r ysgrifenyddes yn ffonio adref ac yn gofyn i un o fy rhieni ddod i'r ysgol. Diolch byth mai Mam ac nid Dad sy'n ateb y ffôn.

Mae'r Pennaeth yn galw Eira i'w swyddfa yn gyntaf. Mae hi'n hercian heibio i mi efo pac rhew yn ei llaw, ei llygaid yn goch a'i hwyneb hi'n wlyb efo dagrau. Yna, wrth iddi oedi tu allan i ddrws y swyddfa, mae hi'n edrych dros ei hysgwydd i wenu'n sbeitlyd arna i. Mae hi'n dal i grio drwy gydol ei pherfformiad ... sori, cyfweliad. Dwi'n medru ei chlywed hi'n disgrifio'r ymosodiad: 'Does gen i ddim syniad pam wnaeth hi ymosod arna i, Syr ... Rydan ni'n ffrindiau fel arfer. Mi wnaethon ni weithio mewn grŵp efo'n gilydd neithiwr, yn ein gwers ddrama ... ' Celwydd, pob gair! Dwi'n teimlo fy hun yn gwylltio unwaith eto, ond wnaiff colli fy nhymer eto ddim helpu fy achos. Dwi'n wynebu gwaharddiad beth bynnag. Tydw i ddim yn meindio cael fy ngwahardd o'r ysgol – wedi'r cwbl, do, rhoddais gic go galed iddi. Wnes i ddyrnu ei hwyneb hefyd. A'i phwnio hi. Ydw, dwi'n haeddu gwaharddiad. Does gen i ddim ofn cael fy nghosbi. Ond mae gen i ofn dychwelyd i'r ysgol a gorfod cerdded yn syth yn ôl i'r un dosbarth ag Eira. Bydd hi'n siŵr o wneud fy mywyd i'n uffernol nes fy mod i'n gadael Blwyddyn 11.

'Rachel?' Sychaf fy nagrau i weld Mam yn sefyll o 'mlaen i, a golwg bryderus ar ei hwyneb. Mae hi'n gwasgu ar y fainc gul wrth fy ochr, ac yn tynnu hances bapur allan o'i phoced. 'Be ddigwyddodd? Deuda wrth dy fam.' Mae'r tynerwch yn ei llais wrth iddi hi sychu fy nagrau yn gwneud i mi grio eto. Dwi'n egluro beth ddigwyddodd yn y wers ddrama neithiwr, a'r hyn ddwedodd Eira yn y coridor y tu allan i'r dosbarth. Wrth i mi ailadrodd ei geiriau am fod yn *'wooden-legged freak'* mae Mam yn brathu ei gwefus yn galed. Nid trist na phryderus ydi hi, ond blin. Tydw i ddim wedi'i gweld hi mor flin â hyn o'r blaen.

Rhaid bod y Pennaeth wedi clywed Mam y tu allan, achos mae o'n agor y drws i'w swyddfa ac yn sbio i lawr arnon ni, fel petai'r ddwy ohonom yn gŵn sydd newydd gachu wrth ei draed.

'Wel, Mrs Ross, be wnawn ni efo Rachel, dywedwch?' Coda Mam ar ei thraed, ei llygaid yn fflachio fel mellt.

'Dywedwch chi wrtha i, Mr Johnson-Rees, be ydych chi am wneud efo'r ast fach yna? Mae hi'n ffiaidd, a ddyle bod ganddi hi gywilydd o'r fath fwlio!' Mae hi'n pwyntio dros ysgwydd Mr Johnson-Rees at Eira, sy'n dal hances bapur fel petai'n darian i'w hamddiffyn rhag tymer Mam. Mae Mr Johnson-Rees yn gegrwth, ond tydi Mam ddim am adael iddo fo siarad nes ei bod hi wedi gorffen. 'Achos bwlio mae hi, Mr Johnson-Rees, pryfocio parhaus a chamdriniaeth emosiynol. Does dim syndod bod Rachel wedi colli ei thymer. Be wnawn ni efo Rachel? Gewch chi ei gwahardd hi o'r ysgol, ond dwedwch yn gynta be 'dych chi am wneud ynglŷn ag Eira!'

'Mi wnawn ni drafod y mater ...'

'Dwi'n disgwyl i chi wneud mwy na thrafod! Os ydi Rachel yn dod adre unwaith eto wedi'i hypsetio gan y blwmin' ferch 'na, dwi'n mynd at y Llywodraethwyr, ac at y papurau newydd hefyd! *School Permitted Bullying of Disabled Student* – ai dyna'r math o *headline* rydych chi'n dymuno'i weld?'

Mae'r bygythiad yn gweithio. Mae Mr Johnson-Rees yn addo trefnu cyfarfod rhyngddo fo, fi, Eira, ein rhieni a'n pennaeth blwyddyn, ac i ffonio Mam fory i barhau â'r sgwrs, ar ôl iddo 'ymchwilio ymhellach i'r mater'. Yn y cyfamser mae o'n awgrymu fy mod i'n cymryd y diwrnod i ffwrdd … na, nid gwaharddiad, ond amser i bethau dawelu, ac i drin y briw ar fy wyneb. 'Tan fory, Mr Johnson-Rees,' meddai Mam, ei llygaid yn dal i ddisgleirio. Mae hi'n brasgamu allan o'r adeilad a thros y buarth fel teigr, yn benderfynol ac yn fendigedig o flin. Tydi Mam erioed wedi gwrthdaro â neb o'r blaen. Dwi erioed wedi bod mor browd ohoni, ac wrth i ni gerdded oddi ar dir yr ysgol dwi'n rhoi fy mraich drwy un Mam. Rydyn ni'n croesi'r ffordd ac yn disgwyl am y bws yn ôl i'r Rhyl.

'Ti'n ôsym, Mam. Bendigedig!' Yna dwi'n edrych arni ac yn gweld ei bod hi ar fin crio.

'Paid ti â gwrando ar yr ast wenwynig 'na, Rachel!' meddai'n ffyrnig, er gwaethaf ei dagrau. 'Gwranda arna i – paid â gadael i neb wneud i ti deimlo'n drist na'n ddi-werth. Pan oeddet ti yn yr ysbyty efo meningitis, ddwedodd y doctoriaid dy fod ti bron yn siŵr o farw, a hyd yn oed taset ti'n goroesi y byset ti'n colli o leiaf un o dy goesau. A ddeudes i wrth y doctor, *"Take her legs if you have to. Take any part of her but you keep her with me. I can't let her go. I can't lose my baby."* Roedden nhw'n disgwyl i ti farw. Ond wnest ti ddim fy ngadael i. Wnes ti ymladd yr afiechyd a gwella, ac o fewn deufis i gael dy lawdriniaeth roeddet ti ar dy draed, yn dysgu sut i gerdded ar dy goes newydd. Dim ots faint o weithiau ddisgynnest ti i'r llawr, fyset ti'n codi heb grio a rhoi cynnig arall arni. Felly, y tro nesaf y bydd Eira'n trio gwneud i ti deimlo'n ddi-ddim, cofia dy fod ti'n gryfach na hi. Dwyt ti ddim yn sylweddoli pa mor anhygoel o gryf wyt ti.' Mae'r dagrau'n powlio i lawr bochau'r ddwy ohonon ni. 'Nid *freak* wyt ti, ond fy merch anhygoel i. Does gan neb yr hawl i ddweud y fath beth wrthat ti. Rwyt ti'n arch-arwres. Y person dewraf a chryfaf i mi ei hadnabod.' Mam ydi'r unig un sy'n gwybod sut i godi fy nghalon. Mae hi wedi adrodd y stori yma droeon, ond dwi byth yn blino ei chlywed.

'Mam?'

'Ie, cariad?'

'Dwi'n gwybod i ti ddweud *"take any part of her"* ... ond tasen nhw wedi torri 'mhen i ffwrdd mi fysen i yn bendant wedi marw.' Mae o'n beth hollol wirion i'w ddweud, ond mae'n gwneud y tric achos yr eiliad nesaf rydyn ni wedi rhoi'r gorau i grio, ac yn chwerthin. Erbyn i'r bws gyrraedd mae ein llygaid yn sych unwaith eto. Awn i eistedd ar dop y bws, a dwi'n pwyso fy mhen yn erbyn ysgwydd Mam. Mae'r haul yn braf ar fy wyneb, ac am gwpl o funudau dwi'n anghofio'n bod ni'n gorfod mynd adref i wynebu Dad.

'Mam, gest ti dy fwlio yn 'rysgol hefyd?'

'Do.'

'Pam?'

'Achos wnaeth dy daid adael Nain a finne. Roedd 'na stigma ynghylch difôrs, a doedd o ddim yn helpu ei fod o wedi'n gadael ni heb fawr o bres.'

'Aeth Nain i'r ysgol fel wnest ti?'

'Duw, na! Wnes i erioed sôn wrthi. Fyse hi byth wedi meddwl cysylltu â'r ysgol.'

'Be wnest ti felly?'

'Dechrau canlyn y bachgen mwyaf a chryfaf yn fy mlwyddyn i. Roedd gan bawb ei ofn o, neu ofn ei dad a'i frawd. Ches i fawr o drafferth wedi hynny.' Mae hi'n ychwanegu'n gyflym, 'Ond dwi ddim yn awgrymu dy fod ti'n trio'r un dacteg. Ti'n gwybod yn iawn sut mae dy dad yn teimlo am fechgyn. Paid â'i wylltio fo.'

Ond mae o'n eitha anodd peidio â gwylltio Dad. Tydi o ddim yn hoffi '*boys who are only after one thing*'. Tydi o ddim yn hoffi i mi aros allan yn hwyrach na naw o'r gloch. Tydi o ddim yn hoffi pan dwi'n gwastraffu trydan, na dŵr poeth. Tydi o ddim yn hoffi 'ngweld i'n gwisgo gormod o golur. Tydi o ddim yn hoffi i mi wrando ar *heavy metal*. Ac yn bendant, tydi o ddim yn fy hoffi i'n achosi helynt yn yr ysgol.

Adref, mae o'n gosod cadair yng nghanol y gegin. Dwi'n eistedd arni ac mae o'n cerdded mewn cylchoedd o fy amgylch i, tra mae o'n dweud y drefn. I gychwyn, dwi'n cadw fy llygaid ar y llawr ac yn smalio fy mod i yng nghanol *interrogation* gan y Gestapo, ond dwi'n diflasu ar hynny ar ôl cwpl o funudau ac yn dechrau chwarae Bingo yn lle. Mae'r rheolau'n syml: rhaid i mi ddyfalu pa bum peth ddwedith Dad wrth iddo roi ffrae i mi. Os ydw i'n dyfalu pob un yn gywir cyn iddo orffen y ffrae, fi sy'n ennill. (Does 'na ddim gwobr.)

Ladies and gents, eyes down, fel maen nhw'n dweud yn ystod y gemau Bingo ar y promenâd. (**Eto: Sut i Osgoi Helynt #2 - paid â gwneud cyswllt llygad.**) '*What the hell is wrong* *with you, Rachel?* (Dyna un!) *Getting into fights! Why can't you just behave yourself? You've not been brought up to behave like this.* (Un arall ...) *No, I don't want to hear your excuses. I'm sick to the back teeth of you getting into trouble.* (Un arall!) *Your granddad would have battered me senseless if I was half as badly behaved as you are.* (Dim ond un arall i fynd ...) *You're a bloody disgrace! You're grounded for the rest of the week. Apart from school, you don't leave this house without my say-so.* (BINGO!) *Do I make myself clear?'*

'*Very clear,*' dwi'n ei ateb yn ufudd.

'*Get to your room!*' Dwi'n dianc i fyny'r grisiau, ac yn cau'r drws yn ddistaw bach fel na fydd unrhyw siawns iddo feddwl 'mod i'n slamio'r drws neu'n strancio. Fues i'n lwcus. Tydi aros adref am wythnos yn fawr o gosb, o'i gymharu â'r hyn mae o wedi'i wneud yn y gorffennol. Mam sy'n ei chael hi'r tro hwn.

Ddysgais i air newydd yn fy ngwers hanes ddiwethaf: *appeasement*. Dyna wnaeth Chamberlain i Hitler ar ddechrau'r Ail Ryfel Byd. 'Dyhuddo' yn Gymraeg. Aros yn dawel ac yn addfwyn, gadael i'r bwli ennill er mwyn osgoi dechrau ffrae. Dyna'n union be mae Mam yn ei wneud o hyd efo Dad. Mi wneith hi gytuno efo popeth mae o'n ddweud er mwyn osgoi ei wylltio.

'*You're too bloody soft on her, that's the problem. She's different, and people will draw attention to the fact. She needs to toughen up.*'

'*You're probably right, Jason. I am too soft on her.*'

'*Well, you need to stop pandering to her. How is she going to cope once she leaves school?*'

'You're right. I'll try to organise her behavioural meeting for the morning. You could come and talk to the Headmaster with me. We need to make sure this doesn't happen again.'

'If it happens again I'll give her a damn hiding!'

'It won't. She's learned her lesson. She was very upset when I got to school. Very remorseful.'

'So she bloody well should be ...'

'Look, it's nearly time for you to go. Put your feet up for half an hour. You've been working too hard, it's stressing you out. You need to rest.'

'Well, one of us needs to bring home the bacon ...' Rhaid bod Dad yn gwybod bod Mam newydd golli ei swydd. Efallai mai dyna pam mae o mewn hwyliau mor uffernol.

Mae Dad yn troi'r teledu ymlaen ac yn gwylio rhyw sothach diflas am ocsiwn. Dwi'n gorwedd ar fy ngwely i ddarllen cwpl o dudalennau o *Of Mice and Men* i baratoi at fy arholiad Saesneg. Am hanner dydd mae Mam yn dod â darn o dost a diod i mi. Mae hi'n gosod yr hambwrdd ar waelod fy ngwely ac yn cau'r drws yn dawel bach.

'Welais i ti'n gwenu yn y gegin, 'merch i. Do'n i ddim yn gweld y sefyllfa'n un ddigri. Ddim yn ddigri o gwbl.' Dwi'n cadw fy llygaid ar fy llyfr. 'Mae dy dad yn gweithio'n galed iawn i roi bwyd ar y bwrdd ac i gadw to uwch ein pennau. Ydi, mae o'n gallu bod braidd yn hen-ffasiwn weithiau, ond mae o'n dal i haeddu parch gen ti. Dwi wedi fy siomi'n arw.' Mae hi'n gadael, gan gau'r drws ar ei hôl.

Tydw i ddim yn deall pam fod Mam wastad yn amddiffyn Dad. Wedi'r cwbwl, tydi o ddim yn ein parchu ni! Ydi, mae o'n gweithio'n galed ac mae o'n *stressed*, ond tydi o ddim yn gweld ei fod o'n gwneud salwch Mam yn waeth trwy gyfarth arni o hyd?

Efallai nad oedd chwarae Gestapo a Bingo yn barchus iawn. Ond dwi'n gwneud pethau gwirion i osgoi meddwl gormod am y sefyllfa. Petawn i'n gwrando ar bopeth mae Dad yn ddweud amdana i, mi fysen i'n gwylltio fel mae o'n wneud, ac yn dechrau lluchio cwpanau ar draws y stafell yr un fath â fo. Mae Mam yn gweld diffyg parch ond dwi'n gweld ffordd o ymdopi efo'i fwlio fo. Tydi hi ddim yn deall 'mod i'n gwenu'n dawel bach ac yn chwarae gemau er mwyn ei hamddiffyn hi, Sara a fi fy hun.

Am un o'r gloch mae Dad yn rhoi'r gorau i wylio'i sothach ac yn gadael y tŷ. Dydi o ddim yn dechrau yn ei waith tan bedwar, ond mae o'n ennill ychydig o bres poced drwy wneud gwaith i bensiynwyr – torri gwair, trimio coed, llnau ffenestri ac ati. Mae angen y pres arnon ni achos dim ond nwdls, hanner twb o *mayonnaise*, tuniau o bys slwtsh a ffa pob a thorth o fara sydd ganddon ni tan fory.

Ar ôl i Dad fynd dwi'n dychwelyd i'r gegin gan obeithio cael sgwrs efo Mam, i egluro pam fy mod i'n chwarae Bingo, ond mae hi wrthi'n gwisgo ei siaced.

'Dwi am fynd i'r ganolfan waith,' eglura. 'Roedd 'na gwpl o jobs glanhau, ac un tu ôl i far Caskeys. Dwi ddim wedi gweithio tu ôl i far ers amser maith, ond mae'n rhaid rhoi cynnig ar bopeth. Wedyn dwi am fynd i'r llyfrgell i gael defnyddio'r cyfrifiaduron yno.' Mae hi'n codi llyfr nodiadau a beiro, eu rhoi yn ei bag llaw ac yna'n troi ata i. 'Dwi ddim isio clywed cwynion gan y cymdogion, iawn? Os wyt ti am wrando ar dy fiwsig, gwisga glustffonau. Bihafia dy hun am unwaith!'

Am eiliad dwi'n ystyried mynd yn ôl i ddarllen fy llyfr, ond yna dwi'n sylweddoli bod gen i Gyfle. Gan y bydda i'n styc yn y tŷ dan lygad barcud Mam neu Dad am weddill yr wythnos, byddai'n ddoeth i mi fachu ar y Cyfle yma i wneud rhywbeth pwysig.

Ddwedodd Mam y dylwn i fihafio, ond wnaeth hi ddim manylu ar *ble* ddylwn i fihafio, naddo? Yn dechnegol, gan na ddwedodd hi, 'rhaid i ti aros yn y tŷ, Rachel' tydw i ddim yn gwneud dim byd o'i le trwy fynd â siaced Shane yn ôl ... Os rywbeth, dwi'n dilyn ei chyfarwyddiadau hi, achos tra bydda i allan o'r tŷ fydda i ddim yn niwsans i'r cymdogion!

Dwi'n nôl siaced Shane o fy stafell wely ac yn gadael y tŷ trwy'r iard gefn. Mi wn i yr aiff Mam ar hyd Wellington Road ac yn syth i'r Stryd Fawr, felly dwi'n cerdded i fyny River Street ac ar hyd y promenâd nes i mi gyrraedd Club Calvi ar Queen's Street.

Heddiw does dim golwg o Mel. Mae'r clwb yn wag ac yn ddu fel ogof, ac mae'r lle'n drewi'n gryf o chwys a chwrw. Bron i mi neidio allan o fy nghroen wrth i lais dwfn alw o'r düwch, '*You want somethin'?*'

'Nid Mel sy 'na?'

Mae'r llais yn ateb, 'Cymraeg? Cymraeg, da iawn. Dwi wedi mynd i Ysgol Elwy. Amser pell, pell yn ôl. 'Di anghofio lot o fy Cymraeg.' Ar hynny mae perchennog y llais dwfn yn camu allan o'r cysgodion, a dwi'n atal fy hun rhag rhegi'n uchel. Mae'r dyn o 'mlaen i'n gawr. Heb air o gelwydd, rhaid ei fod o'n saith troedfedd o daldra. Petai ganddo wallt o gwbl, mi fysen i'n meddwl mai *sasquatch* ydi o. Petawn i'n ei gyfarfod ar stryd dywyll ar fy ffordd yn ôl o fy ngwers ddrama, byddwn i'n rhedeg i'r cyfeiriad arall.

'Ie, mae lot o bobl yn 'neud hynna wrth gyfarfod fi am y tro cynta,' meddai'r cawr, a dwi'n sylweddoli fy mod i'n sefyll o'i flaen yn gegrwth.

'Sori, sori ...' dwi'n ateb yn frysiog, cyn ysgwyd y llaw anferth mae o'n ei chynnig i mi.

'Jim ydw i, *head bouncer*. Medium Jim maen nhw'n fy ngalw i.'

'Nid dyna dy enw go iawn?'

'Na. Ond roedd pobl wastad yn fy ngalw fi'n Jim Fawr neu Big Jim a ges i ddigon o hynny, felly wnes i newid f'enw. Mae o'n eironig.'

'Pam na wnest ti ddim jest galw dy hun yn Tiny Jim felly?'

Mae o'n oedi am eiliad, fel petai bwlb trydan wedi tanio yn ei ymennydd.

'Fel allan o'r *Muppets Christmas Carol*, ie? Tiny Tim, Tiny Jim ... Hei, mae hynny'n enw eironig da, achos dydi Tiny Tim ddim yn medru cerdded yn iawn a dwi'n gwneud cic-bocsio!' Mae o'n wên o glust i glust, gan ddangos dannedd gwyn fel rhai blaidd. 'Hei, *kiddo*, ti'n reit glyfar! *What can I do you for?*'

'Ydi Mel o gwmpas?'

Mae o'n ysgwyd ei ben. 'Gofalu am ei mam. Mae hi'n wael.'

'O ... ydi Shane yma?'

Mae o'n codi ei aeliau trwchus. 'Pwy sy'n gofyn?'

'Rhywun efo eiddo sy'n perthyn iddo.' Dwi'n dangos y siaced sydd wedi'i rholio'n dwt o dan fy mraich.

'Wna i ei nôl o i ti rŵan ...' Mae o'n mynd trwy'r drws

gwyn y tu ôl iddo ac yn bloeddio, 'Shane, ma' ffrind bach Tony yma i dy weld di!'

Daw gwaedd o ben y grisiau, 'Pwy?'

'Y ferch 'na ddeudaist ti ei bod hi'n perthyn i ...'

'LOIS!' bloeddia Shane, gan dorri ar ei draws. 'Perthyn i *Lois* mae hi – Lois oedd yn arfer gweithio yma. Gyrra hi i fyny. Ac mae hi'n siarad Cymraeg, y dic 'ed, felly gwylia be ti'n ffacin ddweud o'i blaen hi!' Roedd y ffordd y bloeddiodd Shane ar Jim cyn iddo fedru gorffen ei frawddeg yn swnio fel petai'n ceisio ei atal o rhag dweud rhywbeth o 'mlaen i. Pwy ydi'r Tony y soniodd Jim amdano? Sut ydw i'n ffrind iddo? Mae 'na rywbeth pysgodlyd am y sefyllfa ... *Fishy* ... pysgodol? Na. Amheus – dyna'r gair. Mae 'na rywbeth amheus am y sefyllfa.

'Gei di ei weld o rŵan,' meddai Jim. Amser i mi wneud tipyn o waith ymchwil. Dwi'n camu drwy'r drws y tu ôl i'r bar, ac yn canfod fy hun yn sefyll ar landin. Mae grisiau serth yn mynd i lawr at seler dywyll, a grisiau eraill yn mynd i fyny at ddrws sydd ag arwydd arno: OFFICE – KEEP OUT! Dwi'n dringo'r grisiau cul, gan oedi bob hyn a hyn i edrych ar y naill ochr o'r wal a'r llall, lle mae llwyth o fframiau digon tebyg i'r rhai ar waliau'r clwb: pobl enwog sy'n amlwg wedi dod yma a chael tynnu llun gyda'r perchennog. Ar dop y grisiau mae llun o Shane a Medium Jim yn sefyll ochr yn ochr. Gwisga Shane fenig bocsio a belt mawr aur dros ei ysgwydd. Mae ganddo gyhyrau fel clymau haearn dan ei groen. Dim syndod nad oedd ganddo ofn wynebu'r *drug dealers*. Ond y llun olaf ar dop y grisiau ydi'r un sy'n denu fy sylw ... cliw, o bosib. Llun o actores enwog – roedd hi'n adnabyddus iawn pan o'n i'n blentyn. Mae ei ffrog hi'n gorjys, ond nid dyna be sy'n denu fy sylw i. Yn sefyll yng nghefndir y llun mae rhywun sy'n edrych yn debyg iawn i ... ie, hi ydi hi, efo'i gwallt yn fyrrach ... Mam! Mae hi'n sefyll wrth ymyl dyn golygus sydd â'i fraich am ei chanol. Ai dyna'r Tony y soniodd Jim amdano? Ond cyn i mi fedru craffu ymhellach ar y llun mae'r drws yn agor a dwi'n canfod fy hun wyneb yn wyneb â Shane – yn rhy agos i mi deimlo'n gyfforddus. Tydi o ddim yn edrych yn hapus i 'ngweld i eto.

'Ddeudes i nad o'n i isio dy weld di'n ôl 'ma nes i ti droi'n ddeunaw, yn do?'

'Isio dychwelyd dy siaced di o'n i. A dweud diolch am gael ei benthyg hi.' Mae Shane yn cymryd y siaced ac yn rhoi ei law yn y boced fewnol. Teimlaf fy hun yn cochi.

'Wel, mae rhywun wedi bod yn brysur,' meddai'n sych. (**Sut i Osgoi Helynt #7: Paid ag agor condoms pobl eraill. Oni bai ei fod o'n argyfwng go iawn, yn amlwg, achos mae cael ffrae yn llai o helynt na chael babi.**)

'Roedd yn rhaid i mi eu taflu nhw, sori. Tase Mam neu Dad wedi'u ffeindio nhw, fasen nhw wedi fy lladd i.'

'Ti ddim yn fy nhwyllo i.' Mae fy wyneb cyfan yn llosgi gydag embaras.

'Dwi ddim yn cael secs efo neb! Wyt ti'n gwybod be fyse Dad yn wneud tase fo'n fy nal i efo condom yn fy mhoced? Fyse fo'n fy lladd i! Ddes i yma i ddweud diolch am beidio â sôn wrth Mam a Dad fy mod i 'di cael fy nal yn yfed yn y clwb, ond os wyt ti am fod yn gymaint o *wanker* am y peth ...' Yna, mae o'n gwenu, a gwelaf ei fod o'n tynnu fy nghoes. Dwi'n sefyll yno efo fy mochau'n binc, yn teimlo fel ffŵl am orymateb.

''Sdim rhaid i ti ddiolch i mi, w'sti. Do'n i ddim yn teimlo fel cychwyn ffrae efo dy dad. Mae o'n ddigon handi efo'i ddyrnau, os dwi'n cofio'n iawn. Rŵan, oedd 'na rywbeth arall, neu wyt ti am adael?' Dwi'n llyncu'n galed. Ddes i yma i ddychwelyd siaced Shane, ond mae geiriau Jim wedi codi cwestiwn sydd angen ei ateb.

'Ddeudodd y boi ar y drws ... Ddeudodd Jim ... Wnaeth o fy ngalw i'n "ffrind bach Tony" ond dwi 'rioed wedi cyfarfod neb o'r enw Tony yn fy mywyd ...' Dwi'n baglu dros fy ngeiriau, gan roi cyfle i Shane dorri ar fy nhraws.

''Sdim isio i ti wrando ar Jim. Mae o mor dal dydi'r gwaed byth yn cyrraedd ei frên o. 'Dio ddim wastad yn gwrando, nac yn meddwl, cyn agor ei geg.'

'Ond pam ...'

'Gwranda, mae hon yn sgwrs y dylet ti ei chael efo dy fam. Gofynna i dy fam.'

'Ond ...'

Mae Shane yn galw, 'Jim, amser i'n hymwelydd ni fynd adre!' Mae o'n gwneud pabell allan o'i fysedd fel Mr Burns, ac yn sbio'n syth i fyw fy llygaid i, ei wyneb mor llonydd a diemosiwn â mwgwd. Clywaf Jim yn dringo'r grisiau – mae o'n ysgafn iawn ar ei draed am rywun mor fawr.

'Hwyl fawr, Rachel,' meddai Shane, ac mae o'n cau'r drws yn ysgafn yn fy wyneb i. Teimlaf law Jim ar fy ysgwydd.

'Amser mynd adre,' eglura, a dydw i ddim yn gwrthwynebu achos, 1) mi fyse fo'n medru fy rhoi i o dan ei fraich enfawr fel bwrdd smwddio, a 2) mi wn i na cha' i ddim ateb gan Shane heblaw am 'gofynna i dy fam'.

Ond mae 'na siawns o hyd i gael ateb o ryw fath.

Wrth i mi gerdded i lawr y grisiau cul dwi'n sibrwd wrth Medium Jim, 'Hei, pwy ydi'r Tony 'ma?'

'Perchennog y clwb. Tony Calvi.'

'Nid fo fyny'r grisiau sy bia'r lle, felly?'

'Na, rheolwr y clwb ydi Shane. Ond Tony ei frawd ydi'r perchennog.'

Ddylwn i fod wedi dewis fy nghwestiynau'n ddoethach neu eu gofyn nhw'n gyflymach, achos cyn i mi fedru gofyn y cwestiwn tyngedfennol mae Shane yn agor y drws unwaith eto ac yn galw, 'Jim, *zip it*. Ti 'di achosi digon o gamddealltwriaeth heddiw.'

Heb air arall, mae Jim yn fy nhywys allan i'r palmant. Cyn cau'r drws mae'n gwenu ymddiheuriad. 'Sori, *kiddo*,' meddai, gan droi'r arwydd fel ei fod o'n darllen CLOSED.

Dwi'n ôl adref mewn deng munud, ond damia, mae Mam a Dad adref hefyd! Diolch byth eu bod nhw allan yn yr iard gefn. Tydw i ddim yn meddwl eu bod nhw wedi sylweddoli 'mod i wedi gadael y tŷ, felly dwi'n medru sleifio'n dawel bach drwy'r drws ffrynt. Maen nhw'n brysur yn ceisio trwsio'r hen beiriant golchi, heb gael llawer o hwyl arni.

'*Hitting it with a spanner isn't going to work, Jason!*'

'*No, but it's making me feel better!*'

Mae'n ganol y prynhawn a dwi ar lwgu, felly gwnaf ddarn o dost gyda'r darn olaf ond un o'r dorth. Wrth i mi fwyta dwi'n gŵglo 'Tony Calvi' a 'Club Calvi' ar fy ffôn. Does dim canlyniadau heblaw am rai ar Linkedin ac Ancestry.co.uk, a does gen i ddim cyfrifon i fedru edrych ar rheini. Triaf Tony Calvi ac enw Mam hefyd, ond does yna ddim byd ar-lein amdanyn nhw. Does gan Tony dim cyfrif Facebook, Twitter nac Instagram hyd y gwela i, sy'n beth od iawn. Ydi o'n byw ar y lleuad?

'Ffrind bach Tony.' Ffordd od o fy nisgrifio i, o ystyried nad oes gen i gof o gwrdd â'r boi yn fy mywyd. Yn amlwg roedd o'n fòs ar Mam unwaith, ond roedd geiriau Medium Jim yn awgrymu rhywbeth mwy na hynny ... Falle mai fo oedd cariad cyntaf Mam – yr un y soniodd hi amdano ar y bws?

Mae yna rywbeth pysgodlyd (sori, amheus) am Shane a Tony a Mam, a dwi'n bwriadu datrys y dirgelwch. Ond nid heddiw, achos mi fydd hi'n amhosib i mi sleifio allan o'r tŷ eto. Ac mae gen i waith cartref i wneud cyn fory. Ych. A. Fi.

Funud ar ôl i mi orwedd ar fy ngwely a chodi fy nghopi o *Of Mice and Men* clywaf y drws cefn yn cau'n glep. Maen nhw'n ffraeo. Eto. Mam yn amddiffynnol a Dad yn mynd ymlaen am bres, fel arfer. Dwi'n edrych ar fy ffôn ac yn gweld y bydd yn rhaid iddo fynd i'r gwaith mewn munud, diolch byth.

'*Why was your debit card declined? We had twelve quid in the account yesterday. What were you buying, gold-plated bread?*'

'*Yesterday I put a tenner credit on the mobile and I forgot ...*'

'*A tenner? We can barely afford the bloody leccy, there's sod all to eat and you're wasting a tenner on phone credit!*'

'*I needed to call Mel ...*'

'*She only works in town, why can't you go and see her there? Christ on a bike, Lois, do you ever think about anyone but yourself? Your kids need food and you spend the last of our cash so you can gossip with your mate! Where's your purse?*'

'*Jason, please ...*' Daw synau o'r gegin – Dad yn chwilota am fag llaw Mam.

'*Give it here!*' medd Dad yn ffyrnig. Daw gwich o brotest gan Mam. Gallaf ei ddychmygu o'n rhwygo'r hen fag lledr allan o'i dwylo hi. '*I obviously can't trust you with a debit card, or a phone, if all you're going to do is waste money ...*' Bydd o'n gwagio cynnwys y bag ar fwrdd y gegin, fel mae o wedi'i wneud droeon o'r blaen: yn troi'r bag ben i lawr fel bod y fferins a'r hancesi papur a'r beiros a'r tampons i gyd yn disgyn mewn pentwr blêr ar ganol y bwrdd. Yna, mi wneith o godi'r pwrs a mynd trwyddo fesul adran, gan gymryd ei cherdyn debyd, ac yna gwagio'r boced fach sy'n dal yr arian mân, gan roi'r llond llaw o geiniogau yn ei boced gefn.

'*Jason, I need money to buy food. What about your odd-job money?*'

'*I need that. I can't live off fresh air! If you need food you'll have to borrow something from next door ...*'

'*You want me to go begging?*'

'*Or you can tell the kids that Mummy didn't make them anything for tea because she spent the last of our money on herself, because she's a stupid, selfish cow ...*' Mae Mam yn crio'n galed. Dwi'n sleifio'n araf bach i dop y grisiau i wrando, rhag ofn bod pethau'n gwaethygu.

'*Why are you always so unkind?*'

'*Because I'm fed up! I'm sick to the back teeth of being the only adult in the house! Rachel gets suspended and you defend her, and Sara's ... Sara. Aren't you supposed to be picking Sara up right now?*'

'*Sara, oh God, oh ... Yes, I am! I can't believe I forgot ... oh ... oh ...*'

'*I can't believe you forgot her either! You'll have to run ...*'

Llamaf i lawr y grisiau, gan estyn am fy siaced. *'Don't worry, I'll go! I can get there in time ...'*

Mae'n rhaid i mi redeg nerth fy nhraed. Mae'r chwys yn rhedeg i lawr fy wyneb, ac mae'r halen yn llosgi'r croen a gafodd ei grafu gan ewinedd acrylig Eira.

Ond erbyn i mi gyrraedd mae'r bws wedi hen adael, a'r plant eraill wedi mynd am adref efo'u rhieni. Fel arfer os ydi Mam yn rhedeg yn hwyr, bydd mam Lisa yn aros efo Sara nes iddi gyrraedd, ond heddiw does yna neb wedi aros, na chynnig ei thywys hi adref. Mae Sara yn sefyll ar ei phen ei hun ar ymyl y palmant, yn edrych o'r chwith i'r dde fel petai hi'n gwylio gêm dennis gyflym iawn, yn disgwyl am fwlch yn y traffig iddi gael croesi'r ffordd.

'SARA!' bloeddiaf ar dop fy llais, 'PAID Â CHROESI'R FFORDD! STOPIA YN FANNA!' Dwi'n rhedeg i gwrdd â hi, yn gwibio rhwng y traffig. 'Ti'n gwybod nad wyt ti i fod i groesi'r ffordd heb help!' Mae hi'n rhoi ei llaw fach yn f'un i.

'Ro'n i'n meddwl bod Mam 'di anghofio amdana i,' medd yn dawel.

'Mae'n ddrwg gen i, Sazzy.' Tydw i ddim yn siŵr pam fy mod i'n ymddiheuro, heblaw am y teimlad ei bod hi'n haeddu gwell na hyn.

Erbyn i ni gyrraedd adref mae Dad wedi mynd i'r gwaith. Does dim golwg o Mam, ond mi wn i mai yn ei stafell wely fydd hi. Rhoddaf DVD *Cyw* ymlaen i Sara ei wylio, ac yna dwi'n coginio plât o fîns ar dost iddi. Does ganddon ni ddim *fish fingers*.

Does dim smic wedi bod gan Mam ers i ni gyrraedd adref,

felly dwi'n tywallt hanner y bîns ar blât ac yn mynd â fo i fyny'r grisiau, i jecio ei bod hi'n iawn, ac i wneud yn siŵr ei bod hi'n cael rhywbeth i'w fwyta heddiw.

'Mam, ti'n iawn?' Dim ateb. Dwi'n gwthio'r drws ar agor rhyw fymryn. Mae hi'n gorwedd ar y gwely, yn wynebu'r wal. 'Mam?' Dwi'n dechrau poeni y bydd yn rhaid iddi fynd yn ôl at y doctor, neu'r uned seiciatryddol. Yna, mae hi'n rholio drosodd i fy wynebu. Hyd yn oed gyda'r llenni ar gau gallaf weld ei bod hi wedi bod yn beichio crio. Mae ei hwyneb wedi chwyddo fel petai'n falŵn llawn toes.

'Dwi'n fam iwsles, yn tydw i, Rachel?' Rhaid i mi gyfaddef, ydi, ar brydiau mae hi *yn* fam anobeithiol. Ond dwi'n cofio sut roedd hi'n arfer bod, ac yn gwybod mai'r salwch sy'n ei gwneud hi felly. Fydda i byth yn dweud wrthi ei bod hi'n anobeithiol, achos dyna'r peth olaf mae hi angen ei glywed pan mae hi'n isel. Mae angen iddi glywed ei bod hi'n gryf ac yn ddewr, yn ddigon cryf i ymladd yn erbyn ei hiselder. Dyna'r unig ffordd y gwnaiff hi wella yn y pen draw. Dwi'n eistedd ar waelod y gwely, gan bwyso llaw ar ei chlun drwchus.

'Ti ddim yn iwsles, Mam. Anghofus, weithiau. Ond ddim yn iwsles. Fyse mam iwsles wedi medru sortio Mr Johnson-Rees, fel gwnest ti heddiw?' Mae hi'n codi ar ei heistedd ac mi wela i'r wên leiaf yn crychu corneli ei cheg hi. Dwi'n gosod y plât bwyd ar ben y cwilt ac yn cynnig fforc iddi hi, ond mae hi'n ysgwyd ei phen.

'Ddylet ti eu bwyta nhw, 'nghariad i.'

'Plis Mam, tria nhw. Ti angen bwyta.' Mae hi'n ysgwyd ei phen eto, yn benderfynol.

'Dwi'n meddwl y ca' i *lie down* bach, ceisio cael gwared ar y blincin cur pen 'ma. Siŵr y bydda i'n teimlo'n well wedyn. Wyt ti'n iawn i edrych ar ôl Sara?'

'Wrth gwrs 'mod i.'

Mae hi'n gwenu'n ddagreuol arna i. 'Diolch i ti, cyw.' Yna, mae hi'n gorwedd yn ôl i lawr a throi i wynebu'r wal.

Weithiau mae angen amynedd sant i ddelio efo Mam. Mae hi'n gallu mynd dros ben llestri, mae hi'n crio dros y peth lleiaf, a'i ffordd hi o ddelio efo problemau ydi eu hanwybyddu nhw. Dydi hi ddim wastad yn fam dda. Ond mi *oedd* hi, ar un adeg. Cyn i'r iselder ddechrau ei phlagio hi, cyn i Dad golli ei waith llawn amser, cyn iddyn nhw ddechrau ffraeo dros y peth lleiaf ... Sut fyddai hi, tybed, heb Dad yn ei bychanu ac yn gweiddi arni o hyd?

Am wyth o'r gloch mae Sara yn ei phyjamas a dwi'n darllen pennod o *Harry Potter a'r Rhywbeth-neu'i-gilydd* iddi. Mae hi wrth ei bodd gyda'r stori, ond dwi'n ei chael hi'n ddiflas. Tydw i ddim yn hapus fod 'na hanner dwsin o lyfrau o'r gyfres ar ôl, a phob un ohonyn nhw'n dewach na'r un cynt. Ond mae hi wrth ei bodd yn darllen. Bydd hi'n glyfrach na fi erbyn iddi gyrraedd yr ysgol uwchradd.

Erbyn naw o'r gloch dw inne hefyd yn y gwely. Mae'r tŷ'n hollol dawel, ac am unwaith mae'r cymdogion ar y ddwy ochr yn dawel hefyd. Gobeithiaf fynd i gysgu'n gyflym, fel y gallaf anghofio am bopeth a ddigwyddodd heddiw. Am ddiwrnod annifyr, afiach, dryslyd. Dwi mewn helynt yn yr ysgol, mae Dad yn flin, mae Sara'n drist ac ae Mam yn isel eto. Ac i goroni'r cyfan, mae 'na farc cwestiwn yn hongian dros fy

mhen. Ond mi wn i na fedra i ofyn i Mam am Tony Calvi –
nid tra mae hi mor fregus.

Llynedd aeth Mam i'r ysbyty a ddaeth hi ddim adref am
fis. I'r uned seiciatryddol aeth hi, am ei bod hi wedi cael
nervous breakdown. Dwi'n browd iawn ohoni am fod yn ddigon
dewr i ddweud nad oedd hi'n ymdopi'n iawn a gofyn am
gymorth. Ond rŵan mae hi'n dechrau dangos yr un
Arwyddion unwaith eto. Dydw i ddim am ei gwthio hi dros y
ffin eto.

6

Dad sy'n fy neffro i drannoeth. Mae o wedi bod draw i'r siop ar y gornel i brynu llaeth a bocs o Frosties, ac mae o hyd yn oed wedi gwneud brechdanau i ni i ginio.

'*Your Mum's going to the doctor's this morning to get herself sorted. I'm coming to school with you, for this disciplinary meeting.*' Tydi Dad erioed wedi dod i'r ysgol efo fi o'r blaen, ddim hyd yn oed ar gyfer noson rieni. Dydyn ni ddim yn gwneud rhyw lawer efo'n gilydd fel arfer; mae o un ai'n gweithio neu'n cysgu ar ôl gweithio shifft nos.

Mae'r cyfarfod wedi'i drefnu am hanner awr wedi naw. Tydw i ddim yn edrych ymlaen at wynebu'r Pennaeth, Mr Tatc na mam Eira.

Mae mam Eira yn disgwyl yn y dderbynfa, ac mae hi'n sbio arna i fel taswn i'n faw dan draed. Ond mae Dad yn gweld yr edrychiad a throi ati gan ddweud, '*Your girl isn't an angel either. Rachel wouldn't have got angry and lashed out if she wasn't being bullied over her disability.*' Tydw i ddim yn medru credu'r hyn dwi newydd ei glywed – Dad yn fy amddiffyn i! Mae mam Eira yn agor ei cheg i ateb, ond yr eiliad honno mae Mr Johnson-Rees yn agor y drws ac yn ein gwahodd ni i'w swyddfa.

Dwi'n hapus bod Dad ar fy ochr i, am unwaith. Fodd bynnag, dwi'n disgwyl y bydda i'n cael fy ngwahardd am wythnos gyfan.

'*I am disgusted*,' meddai'r Pennaeth, gan siarad Saesneg er mwyn i Dad gael deall. '*Disgusted that a young lady who clearly knows right from wrong could engage in such hurtful, bullying behaviour ...*' Bwlio? Eira wnaeth fy mwlio i! Dwi'n barod i bledio fy mod i'n ddieuog, ond mae'r geiriau yn rhewi ar flaen fy nhafod, achos nid arna i mae'r Pennaeth yn gwgu, ond ar Eira.

Diolch i 'dyst annibynnol' mae gan Mr Johnson-Rees gofnod o'r holl bethau ddwedodd Eira amdana i. Mae hi'n gwrido wrth ei glywed o'n darllen y geiriau '*wooden-legged freak*' a '*freak show*' yn uchel.

'*I'm sure we can all agree that this is totally unacceptable behaviour in any context, but especially in regards to someone with a disability*,' meddai Johnson-Rees, gan graffu dros dop ei sbectol ar Eira. '*We will not tolerate bullying in this school.*'

Tydw i ddim yn medru credu fy mod i'n cael *get away* efo'i chicio hi. Bydd y ddwy ohonon ni'n cael Cerdyn Ymddygiad Melyn: un helynt arall ac mi gawn ni ein gwahardd am wythnos gyfan. Tydw i ddim i ymosod ar Eira eto (na neb arall, yn amlwg), ac mae angen iddi hi roi'r gorau i fwlio ar unwaith.

Mae'r cyfarfod yn gorffen gyda'r ddwy ohonon ni'n ysgwyd llaw ac yn ymddiheuro i'n gilydd, gan addo aros yn ddigon pell oddi wrth ein gilydd er mwyn cadw'r heddwch.

'*You got off lightly*,' meddai Dad wrth i ni gerdded at y giât ffrynt. '*Now, you listen to me. My old man would have told me to go and kick seven shades out of any bully ... but things aren't like that any more. You can't go around belting people, even if they deserve it. She gives you any more hassle, go straight to the Head and sort it with him, okay? No more fighting, do you hear me?'*

'*All right, Dad.*' Mae o'n pwnio fy mraich yn ysgafn.

'*Off to get your Mum sorted out. I'll see you this afternoon.*'
Mae o'n mynd i ddal y bws 'nôl i'r Rhyl; a gydag ochenaid o
ryddhad, dwi'n mynd yn ôl at fy ngwersi.

Amser cinio. Wrth i mi fynd i'r ffreutur dwi'n gweld Carys yn
disgwyl wrth y drws. Am ei ffrindiau mae hi'n disgwyl, ond
maen nhw'n cerdded yn syth heibio iddi, fel petai hi'n
anweledig. Dim ond Eira sy'n oedi i siarad â hi, ond wrth iddi
droi i wynebu Carys mae ei hwyneb del yn hyll a'i llygaid yn
gul â chasineb. Gan wthio bys reit i ganol wyneb Carys, mae
hi'n poeri, 'Paid â siarad efo fi BYTH eto, *back-stabbing bitch!*'

Carys felly oedd y 'tyst annibynnol'. Dwi'n mynd draw ati
ac yn dweud, 'Ty'd i eistedd ar ein bwrdd ni.' Dwi'n pwyntio
at y bwrdd yng nghornel y stafell, lle mae Sioned, Ryan a
TwmTwm yn eistedd.

'Bwrdd y goths?' mae hi'n gofyn, ei llygaid yn llydan fel
petawn i newydd ofyn iddi rannu bwrdd efo sombis.

'Wnawn ni ddim dy frathu di!' dwi'n chwerthin. Tydi
hynny ddim yn wir, actiwali, achos wnes i adael i Ryan rhoi
lovebite i mi y llynedd, ac yn bendant mi wnaeth o ddefnyddio'i
ddannedd. Roedd yn rhaid i mi wisgo fy ngholer ci am
wythnos gyfan i guddio'r briw. (**Sut i Osgoi Helynt #8: Paid â
gadael i rywun frathu dy wddf.**) Bydd yn rhaid i mi rybuddio
Carys amdano fo, ond nid heddiw. Tydw i ddim am ddychryn
gormod arni hi.

Rydyn ni'n edrych fel criw sy'n trefnu angladdau fel hobi,
ond mae hi'n ymuno â ni yn hytrach na chyflawni'r *social*

suicide o eistedd ar ei phen ei hun. Mae hi'n swil i ddechrau, ond erbyn diwedd amser cinio rydyn ni'n galw ein gilydd yn 'Boaty McBoatface' a'r 'Crow From Below' a dwi'n gwybod y bydd hi'n ffitio'n iawn yn y criw. Dyna be wnewch chi ffeindio am goths: er ein bod ni'n edrych yn sgêri gyda'n hoffter o lipstig du, rydyn ni'n griw cyfeillgar ac agored, sy'n malio dim am fod yn 'cŵl' nac yn ffasiynol.

Pan mae Carys yn sôn bod ei thad a'i mam i ffwrdd ym Manceinion, dwi'n ei gwahodd hi draw i fy nhŷ i ar ôl ysgol. Ar ôl i mi wneud hynny dwi'n gweddïo y bydd Mam neu Dad wedi bod yn siopa a phrynu rhywbeth heblaw am beint o laeth a thorth o fara.

Ond does dim rhaid i mi boeni am fedru cynnig te i Carys, achos wrth i ni gerdded trwy'r drws ffrynt rydyn ni'n gweld bod Mam, Dad a Sara i gyd yn sefyll yn y gegin yn gwisgo'u cotiau. Dwi'n cyflwyno Carys fel fy ffrind o'r ysgol, ac yn syth mae Mam yn estyn gwahoddiad iddi hi ymuno â ni: 'Rydyn ni wedi bod dan dipyn o straen yn ddiweddar, a heb gael llawer o amser fel teulu, felly mi feddylion ni y byddai'n hwyl mynd i lawr i'r promenâd i chwarae tipyn o golf gwirion ...' Dwi'n edrych ar Carys, gan geisio cuddio fy mraw. Fedrwn ni ddim mynd yn agos at y dyn yn y siwmper CRAZEE GOLF byth eto.

'Diolch, ond mae ganddon ni waith cartref ...'

7

Dwi'n deffro am 9.17. Bolycs, bolycs, bolycs, dwi'n hwyr i'r ysgol. Dwi'n estyn am fy nghoes brosthetig, ond mae hi y tu hwnt i 'ngafael i a dwi'n syrthio allan o'r gwely efo sgrech fach. Yna, yn gorwedd ar y llawr, dwi'n cofio mai dydd Sadwrn ydi hi. Am unwaith dydw i ddim yn hwyr i nunlle.

'Rachel, ti'n iawn?' Llais Mam, yn galw o'r stafell molchi. 'Dwi yn y bath ...'

'Dwi'n ocê ...' Estynnaf am fy nghoes a fy hosan arbennig. Dwi'n gwisgo trowsus *combat* am eu bod nhw'n ffitio dros fy mhrosthetig yn haws na *skinny jeans*, ac yn dewis hwdi Foo Fighters i gwblhau'r *ensemble*.

Mae Dad yn sefyll o flaen y popty yn gwisgo ffedog ac yn ffrio bacwn. Mae o'n nodio'i ben at frechdan ar y bwrdd coffi.

'*That's yours. Thought I'd treat your mum with breakfast for once. We're going out to Llandudno for the day.*' Wrth gwrs ... heddiw ydi pen blwydd priodas Mam a Dad. '*Sara's gone to play with Mrs Jordan's bunch, so you don't need to worry about her. Don't be bringing anyone back here ...*' Dwi'n gwybod y drefn erbyn hyn.

'*... don't forget my key, keep the doors locked at all times and be home by seven.*'

'*And don't be wasting your pocket money on any anniversary tat for us.*'

Dwi'n gwenu'n siriol ar Dad. '*I knew you'd say that, Dad,*

which is why I've not bought you anything. Enjoy your day out.'

Dwi'n cipio'r frechdan oddi ar y plât, ac ar ôl gwneud yn siŵr bod fy allwedd, fy mhwrs a fy ffôn gen i, dwi'n prancio allan i'r stryd. Mae hi'n heulog braf, fel fy hwyliau i. I ddechrau, fel pob dydd Sadwrn arall, af draw i'r Theatr Fach ar gyfer fy ngwers ddrama efo Dave. Mae'r dosbarth ar ddydd Sadwrn yn cael ei rannu'n ddau grŵp. Mae'r criw hŷn yn gweithio'n annibynnol ac yn dod yn ôl at ein gilydd ar gyfer hanner awr ola'r wers i berfformio ein dramâu o flaen pawb arall. Mae o'n fwy o sesiwn *improv* hir na gwers ddrama – fel bod yn ôl yn yr ysgol gynradd a chael 'chwarae cogio' am awr bob wythnos.

Wrth i mi gerdded drwy'r dderbynfa gwelaf Gareth yn eistedd ar y grisiau sy'n arwain at yr awditoriwm. Mae o'n cadw ar wahân i'r plant iau. Tŵ cŵl for sgŵl. Mae o'n gwenu'n gyfeillgar, a dwi'n troi ac yn edrych dros fy ysgwydd rhag ofn bod Eira y tu ôl i mi. Na, fi ydi'r unig un yn y dderbynfa – rhaid ei fod o'n gwenu arna i!

'Ti'n iawn, waaaa?' medd Gareth mewn acen y Bala. Mae o'n arbenigo mewn acenion. (Neu o leiaf mae o'n licio *meddwl* ei fod o'n arbenigo mewn acenion. Ond does fawr neb yn eu gwerthfawrogi.) 'Dwi'n amau mai ti a fi ydi'r hynaf heddiw. Ti am weithio efo fi?' Dwi'n nodio fy mhen ac yn ceisio peidio gwrido, yn flin efo fy hun am gochi.

Mae Dave yn galw'r criw hŷn at ei gilydd. Dim ond pump ohonon ni sydd yma heddiw: Gareth, Curtis, Marguerite, Keira a finne. Gan fod pob un ohonon ni yn sesiwn nos Fawrth, ac felly'n gwybod am y prosiect camdriniaeth ddomestig, mae Dave yn rhoi sgript yr un i ni ac yn gofyn i ni eu hymarfer ar gyfer y clyweliadau.

Dave a'r criw iau sy'n defnyddio'r stafell ymarfer fawr, felly mae'n rhaid i ni ddod o hyd i gornel dawel i ymarfer ynddi – sydd ddim yn hawdd pan mae ugain o blant iau yn bloeddio ar ei gilydd. Mae Curtis, Marguerite a Keira yn cipio'r llwyfan, gan adael Gareth a finne i ymarfer yn y gegin fach. Mae Gareth yn eistedd ar ben y cownter i ddarllen y sgript.

'Ewadd, tydi pwy bynnag sgwennodd y sgript 'ma ddim yn gwybod y peth cynta am sut i gymeriadu!' medd yn ddirmygus. Mae o'n dechrau sôn am *method acting* Stanislavski, a'r dulliau mae o'n eu defnyddio wrth baratoi at ei arholiad LAMDA. Awgryma Gareth ein bod ni'n datblygu hanes i'r gŵr a'r wraig yn y sgript, er mwyn creu *verisimilitude*. Does gen i ddim clem beth mae *verisimilitude* yn ei olygu, ond mae o'n air anhygoel – yn well na 'jolihoitian' hyd yn oed.

'Stedda ...' gorchmynna Gareth, gan gyffwrdd y cownter, felly dwi'n eistedd wrth ei ochr gan obeithio na fydd fy nghoes yn disgyn i ffwrdd o'i flaen o. Mae o'n troi ei gorff fel ei fod o'n fy wynebu, gan syllu i fyw fy llygaid. Dwi'n edrych i lawr ar fy sgript.

'Ocê ... ble wnaethon ni gyfarfod?' dwi'n gofyn, cyn iddo fedru 'ngweld i'n cochi. Eto. Be sy'n bod efo fi?

'Yn undeb y Brifysgol. Aberystwyth. Ro'n i yno'n astudio'r Gyfraith ...'

'Ac ro'n i'n astudio Saesneg ...'

'A wnes i dy weld di'n dawnsio yn yr undeb a chynnig prynu diod i ti ...'

'Ond wnes i wrthod, achos dwi ddim yn derbyn diodydd gan ddynion dieithr ...'

'Felly'r diwrnod wedyn, es i draw i dy neuadd breswyl efo tusw o flodau, a wnest ti gytuno i ddod ar ddêt ... A'r noson honno, lawr ar lan y môr, y gwnaethon ni gusanu am y tro cynta ...' A'r peth nesaf, mae Gareth yn pwyso ymlaen ac yn fy nghusanu ar fy ngheg. Ydyn ni'n dal yn actio, neu ydi o'n fy nghusanu fi, Rachel Ross? Be ddylwn i wneud? Cau fy llygaid, neu roi slap iddo am roi cusan i mi heb ofyn? Wrth i mi bendroni dwi'n sylweddoli fy mod i wedi cau fy llygaid ac wedi dechrau mwynhau'r gusan. Mae o'n cyffwrdd fy wyneb yn ysgafn, ysgafn, a dwi'n eitha licio'r teimlad – ond os wnaiff o drio mynd *below the belt* bydd yn rhaid i mi dorri ei fysedd. Dyma fy *snog* go iawn gyntaf (dydi *Spin the Bottle* na *lovebite* Ryan ddim yn cyfrif), a dwi'n darganfod bod cusanu braidd fel bwyta Pringles – dydi un byth yn ddigon. Rydyn ni'n treulio gweddill y cyfnod ymarfer ym mreichiau ein gilydd.

Mae ein perfformiad ar ddiwedd y wers yn crap, ond am unwaith does dim ots gen i am hynny. Yr unig beth dwi am wneud ydi sleifio i ryw gornel dywyll a chusanu Gareth nes bod fy ngwefusau'n brifo.

Ar ddiwedd y wers mae Dave yn ein hatgoffa ni y bydd angen copi o'n tystysgrifau geni a llythyr wedi'i lofnodi gan ein rhieni os ydyn ni'n bwriadu mynd i'r clyweliadau ar gyfer y prosiect trais domestig.

'Wyt ti am drio?' gofynna Gareth. 'Mi fyse'n wych cael actio gyferbyn â ti. Meddylia am yr holl amser fydden ni'n medru'i dreulio efo'n gilydd yn ymarfer!' Doeddwn i ddim yn bwriadu mynd i'r clyweliad, ond does gen i ddim byd i'w golli drwy roi cynnig arni, nag oes?

'Be ti am wneud rŵan? Oes gen ti amser i ymarfer eto?' dwi'n gofyn, gan groesi bysedd nad ydi ei fam yn dod i'w nôl o fel arfer.

'Dwi'n mynd i gyfarfod fy mêts yn dre i fynd i'r sinema ... ond allwn ni gyfarfod hwyrach 'mlaen? Pump o'r gloch? Tu allan i Maccy's?'

'Wela i di bryd hynny.' Dwi'n prancio adref yn wên o glust i glust, yn cyfri'r munudau tan y gwela i Gareth eto. Am ddatblygiad annisgwyl o hyfryd.

Am bump o'r gloch dwi'n sefyll y tu allan i McDonalds. Mae Gareth yn ffarwelio â'i ffrindiau, yn cydio yn fy llaw ac yn f'arwain i draw at y promenâd. Wrth i'n bysedd gwrdd teimlaf bilipalod yn fy mol. Feddylies i erioed y byddai rhywun mor olygus â Gareth yn dangos diddordeb yndda i. Nid fy mod i'n hyll na dim byd felly, ond am fy mod i'n wahanol i'r merched 'poblogaidd' fel Carys ac Eira ym mhob ffordd. Dwi'n ceisio peidio â disgwyl gormod o'r 'dêt', ond ar yr un pryd dwi'n ysu i'w gyffwrdd a'i gusanu eto.

Mae'n ddiwrnod gwyntog a does neb arall o gwmpas heblaw ambell berson yn mynd â'r ci am dro. Rydyn ni'n dod o hyd i loches wag sy'n wynebu'r môr, ac yn eistedd ar y fainc. Mae o'n eistedd yn agos, mor agos nes bod ein cluniau'n cyffwrdd. Mae o'n rhoi ei fraich o amgylch fy ysgwyddau, ond yna, wrth i ni eistedd ac edrych allan dros y môr, mae o'n dweud, 'Gwranda, Rach, dwi'n dy hoffi di'n fawr iawn ... ond wnaiff Mam a Dad ddim gadael i mi gael cariad. Ar hyn o bryd rhaid i mi ganolbwyntio ar fy ngwaith ysgol. Maen nhw'n talu am fy addysg, a fedra i ddim eu siomi nhw.'

'O.' Tydw i ddim siŵr ai siomedig ynteu blin ydw i.

'Felly fedra i ddim gwneud *commitment* i ti ... Fedra i ddim dy alw di'n gariad i mi, na mynd allan efo ti'n rheolaidd. Ond dwi'n dy hoffi di lot fawr, ac os wyt ti'n fodlon i ni dreulio prynhawniau Sadwrn efo'n gilydd o dro i dro ...'

'Ti'n siŵr mai gwaith ysgol sy'n dy stopio di, ac nid merch arall?'

'Merch arall? Fel pwy?'

'Eira, er enghraifft.'

'Eira?' Bu bron iddo chwerthin. 'Methu diodde hi. Mae hi'n ast ffiaidd sy'n mynd dan fy nghroen i.' Yn sydyn, dwi'n gwenu'n llydan.

'Iawn.'

'Iawn?'

'Iawn, gawn ni dreulio'n Sadyrnau efo'n gilydd. Dwi ddim yn cael mynd ar ddêt go iawn am flwyddyn arall, beth bynnag.' (Dad eto: '*Teenage boys are only after one thing, and they will not be getting it from my underage daughter!*') 'Ond dwi'n dy rybuddio di rŵan, Gareth – os ti'n meddwl bod 'treulio amser efo'n gilydd' yn golygu cael secs, *jog on*.' Dwi'n teimlo nad ydi o ond yn deg i mi ei rybuddio fo rŵan. Tydw i ddim yn fodlon ymuno â'r criw o famau ifanc sy'n sgwrsio a smygu tu allan i Poundland.

'Nid dyna'r math o fachgen ydw i. Dyna be dwi'n hoffi amdanat ti, Rach. Ti mor *straight up* am bethau. Dwi'n parchu hynny. Ti'n deud be sy ar dy feddwl yn lle chwarae gemau, a ti mor glên a chyfeillgar efo pawb.'

'Heblaw am Eira.'

'Wel, roedd angen i rywun roi slap iddi hi, yn doedd? Dwi ddim wedi gwneud cyfrinach o'r ffaith fy mod i'n dy ffansïo di, ac mae hi mor genfigennus mae o'n pathetig ...'

Eira, yn genfigennus ohona i? Dyna sydd wrth wraidd ei bwlio hi, tybed?

Mae Gareth yn cyffwrdd fy moch yn ysgafn gyda blaen ei fysedd ac yn plygu ei ben, ond dwi'n ei atal rhag fy nghusanu. Efallai y bydda i'n difaru gwneud hynny mewn munud, ond mae 'na un peth mae'n rhaid i ni ei drafod gyntaf. 'Sôn am onestrwydd, rwyt ti *yn* gwybod bod gen i goes brosthetig? Achos os ti'n rhy *squeamish* i ddelio efo'r syniad, well i ti ddweud hynny cyn i ni gychwyn ar ddim byd ...'

'Dwi'n meddwl bod pawb yn Streetwyze yn gwybod, diolch i Eira. Ond mae gan fy nain goes glec. Tydi o ddim yn boddran fi o gwbl.'

'Wir?'

'Wir yr.' HALELIWIA! Mae o'n glên, mae o'n olygus dros ben a dwi'n eitha siŵr fod ganddo rywbeth yn debyg i *six pack* o dan ei grys – a fi mae o'n ei ffansïo! Fi!

Rhwng sesiynau hir o snogio rydyn ni'n crwydro draw i'r arcêd. Mae Gareth yn chwarae Candelas a Fleur de Lys ac Yws Gwynedd ar ei ffôn ac yn cynnig un o'r clustffonau i mi wrando. Maen nhw'n ganeuon gwahanol iawn i'r *metal* a'r *punk* dwi fel arfer yn eu dewis, ond mae'n neis cael newid weithiau. Mae o'n prynu bag o donyts, ac rydyn ni'n cerdded draw i'r parc sglefrio i'w bwyta nhw, yna'n llyfu'r siwgr oddi ar ein bysedd. (Jest i fod yn glir: dydyn ni ddim yn llyfu bysedd ein gilydd.)

Mae hi'n dechrau nosi. Gyda'r hwyr mae'r promenâd yn edrych yn debyg i Blackpool. Mae'r clybiau nos ar agor, er nad oes neb ynddyn nhw eto. Rydyn ni'n cerdded heibio Club Calvi ac yn gweld Jim yn sefyll tu allan, yn chwarae *Candy Crush* ar ei ffôn.

'Iawn, *kiddo*?' galwa wrth i ni gerdded heibio. Dwi'n codi llaw arno ac mae o'n codi ei het fel gŵr bonheddig o'r hen ddyddiau.

'Ti'n nabod Jim Turner?' meddai Gareth, yn llawn edmygedd. 'Mae o'n *kick boxer* go enwog. Dwi 'di bod yng Nglannau Dyfrdwy i'w weld o'n paffio!'

'Ffrind i'r teulu,' atebaf yn ddifater, gan obeithio na wnaiff Gareth holi ymhellach.

Dwi'n edrych ar fy ffôn ac yn gweld ei bod hi bron yn wyth o'r gloch. Rhaid bod Mam a Dad yn dal allan ar eu *date night*, neu mi fydden nhw wedi ffonio erbyn hyn i gael gwybod ble ydw i.

'Shit, ydi hi'n wyth o'r gloch?' meddai Gareth. Mae o'n sbio ar ei ffôn yntau a gweld bod ganddo lwyth o negeseuon gan ei fam. 'Wnes i golli trac o'r amser! Rhaid i mi fynd rŵan, neu mi wnaiff Mam fy lladd i!' Mae o'n fy nghusanu'n frysiog ar fy moch. 'Fedra i ddal yr *eight fifteen* os dwi'n rhedeg ... Sori, Rach, wela i di ddydd Sadwrn nesa. Siarad ar Insta, ocê?' Ar hynny, mae o'n ei heglu hi am yr orsaf ac yn fy ngadael i ar ben fy hun yng nghanol y dref.

Nawr, rwyt ti'n gwybod erbyn hyn nad ydw i'n *snowflake* fach fregus sydd ofn cerdded adref ar ei phen ei hun. Ond dwi'n flin efo Gareth am redeg i ffwrdd heb hyd yn oed tshecio sut dwi am gyrraedd adref. Dwi wedi hen arfer efo cerdded drwy'r dref gyda'r nos. Dwi'n cerdded i'r theatr bob nos Fawrth ers i ni golli'n car. Ond mae nos Fawrth yn wahanol iawn i nos Sadwrn. Tydi o ddim yn brofiad braf cerdded heibio'r holl bobl sy'n sefyll y tu allan i'r pybs yn smygu, na'r grwpiau o fechgyn swnllyd sy'n sefyll tu allan i'r têc awê.

Yna, ar Wellington Road, dwi'n clywed rhywun yn galw fy enw. Dwi'n f'atgoffa fy hun o reol rhif 2 (**Paid â gwneud cyswllt llygad**) ac yn dal i gerdded yn gyflym, heb edrych yn ôl.

'Rachel! Rachel!' Llais dyn. Dwi'n cerdded yn gyflymach, ond mewn ffenest siop elusen medraf weld adlewyrchiad perchennog y llais – siâp tywyll yn fy nilyn i fel cysgod. Dwi'n troi i'w wynebu, yn barod i sgrechian yn ei wyneb, ond Shane sydd yno, yn ei ddu arferol o'i gorun i'w sawdl. Yr unig beth lliwgar amdano ydi'r bocs pitsa dan ei fraich.

'Rachel, wnest ti ddim fy nghlywed i'n galw? Ro'n i yn Domino's pan est ti heibio efo dy gariad. Wnaeth o ddim jest mynd am y trên a dy adael di ar dy ben dy hun, naddo?'

'Do, ond ...'

'Os wela i'r coc oen bach rownd fan hyn eto mi wna i gicio'i din o! Gadael merch ifanc ar ei phen ei hun, yn ganol dre ar nos Sadwrn!' Mi wn i fod Shane yn iawn. Fysen i byth yn gadael ffrind, hogan neu hogyn, i gerdded adref ar ei ben ei hun gyda'r hwyr. Mae 'na ormod o bobl doji o gwmpas.

Gan 'mod i wedi mwynhau snogio Gareth gymaint, mi wnes i anwybyddu cwpl o bethau bach wnaeth i mi deimlo'n anghyfforddus. Er iddo sôn am 'dreulio'n Sadyrnau efo'n gilydd' nid dyna be wnaethon ni heddiw, nage? Treuliodd y diwrnod efo'i fêts, gan gwrdd â fi ar ddiwedd y pnawn dim ond er mwyn chwarae *tonsil tennis*.

Dwi'n penderfynu yn y fan a'r lle: dydd Sadwrn nesaf, os ydi Gareth am dreulio'r diwrnod efo'r bechgyn ym Maccy D's a chwrdd â fi gyda'r hwyr i gael *snog* bach cyn mynd adref, a 'ngadael i ar fy mhen fy hun ... Ta ta, twll tin. Mae gen i hunan-barch.

Mae Shane yn estyn allan ac yn cyffwrdd fy mraich. 'C'mon, gei di lifft adre efo fi.' Dwi'n ei ddilyn o draw at Mercedes SLK du. Mae Shane yn agor y drws i mi. Waaaaaw ... rhaid mai dyma'r car drytaf i mi eistedd ynddo erioed. Dwi'n poeni rhag ofn i fy nghoes brosthetig grafu'r sêt ledr. Yna, i wneud pethau'n waeth, mae o'n gosod y bocs pitsa ar fy nglin! Cydiaf yn dynn ynddo rhag ofn i mi ollwng caws a thomato dros y lle. Mae Shane yn mwytho'r llyw cyn tanio'r injan.

'Dyma fy mabi newydd,' medd yn falch.

'Neis iawn. Faint o blant sy gen ti?'

'Hwn a fy Ford Mustang.'

'Meddwl am blant go iawn o'n i.' Mae o'n pwyntio dros ei ysgwydd i ddangos nad oes seti cefn yn y Mercedes.

'Dim un. Methu diodde'r *snot bags* bach.'

'Oes gen ti *nephews* a *nieces*?'

'Mae Tony a Gina yn ddi-briod.' Gina – mae'r enw yna'n gyfarwydd. Dwi'n eitha siŵr fod Mam wedi sôn am hen ffrind oedd ganddi o'r enw Gina, er nad ydw i erioed wedi'i chyfarfod hi. Digon posib bod Gina a Shane yn ffrindiau i Mam o'r ysgol, a Tony yn gyflogwr arni a dim byd mwy amheus na hynny ... Ond mae'r llais bach yng nghefn fy meddwl yn mynnu nad ydi pethau mor syml â hynny. Bod dirgelwch i mi ei ddatrys.

Wrth i ni aros i'r goleuadau traffig droi'n wyrdd mae Shane yn taflu cipolwg arna i. Fel petai o'n medru clywed fy meddyliau, medd, 'Dwi'n gwybod beth wyt ti am ofyn, Rachel, ac mae gen ti berffaith hawl i ofyn ... Ond ystyria, be'n union wyt ti'n gobeithio'i glywed?'

'Y gwir.'

'Ond wyt ti'n barod am y gwir? Cofia, mi all o fod yn newyddion drwg.'

'Os wyt ti'n trio cael gwared ar fy *curiosity*, dwyt ti ddim yn llwyddo.'

'Dwi'm yn trio lladd ar dy chwilfrydedd o gwbl. Jest yn ceisio dy baratoi di ar gyfer y ffaith fod 'na bosibilrwydd na fyddi di'n hapus efo popeth wnei di glywed.'

'Ydw i'n perthyn i Tony Calvi?' Ysgwyd ei ben mae Shane, gan wenu'n slei.

'Mae gen ti berffaith hawl i ofyn y cwestiwn, ond mae gen i berffaith hawl i wrthod ei ateb hefyd.'

'Shane!'

Erbyn rŵan rydyn ni wedi cyrraedd gwaelod fy stryd. Mae Shane yn parcio ac yn troi i edrych arna i. 'Fel ddeudes i gynna, gofynna i dy fam.' Cha i ddim ateb ganddo fo, na gan Mam chwaith. Dwi'n ochneidio'n ddiamynedd, cyn i Shane ychwanegu, 'A'r boi 'na, dy gariad ... cofia di, cadwa dy goron ar dy ben. Dyna be oedd Nonna'n arfer ddeud wrth fy chwaer. Gwna di'r un fath.' Dwi'n hoffi'r dywediad, felly dyma fo: **Sut i Osgoi Helynt #9: Cadwa dy goron ar dy ben.**

Tydi Mam a Dad ddim wedi cyrraedd adref. Dwi'n gweld bod neges destun ar fy ffôn gan Dad, yn dweud eu bod nhw wedi dal y trên 8.38, ac y byddan nhw'n dod â physgod a sglods adref. Dwi'n mynd i fyny'r grisiau i dynnu fy nghoes. Wnes i ei gor-wneud hi drwy dreulio'r diwrnod cyfan allan o'r tŷ. Mae'r soced yn dechrau mynd yn dynn, a dwi'n falch bod gen i apwyntiad i gael creu un newydd mewn wythnos. Gwelaf fod marciau mawr coch ar fy nghlun, a dwi'n rhwbio hufen E45 ar y croen gan obeithio y bydd wedi gwella erbyn fory. Mae gen i faglau, ond mae'n gas gen i eu defnyddio nhw oni bai fod yn rhaid i mi.

Drws nesaf gallaf glywed Sara a phlant Mrs Jordan yn sgrechian ac yn defnyddio'r gwlâu fel trampolîn. Fel arfer mae Sara'n dawel fel llygoden, ond heno mae hi'n gweiddi'n uwch na neb arall.

Gan fy mod i'n rhy llwglyd i ddisgwyl am sglods Mam a Dad, dwi'n hercian i lawr y grisiau i wneud caws ar dost i mi fy hun. Wrth i mi fwyta mae fy ffôn yn canu grwndi. Neges gan Gareth.

> *Dwi mor, mor sori am orfod gadael ar frys. Hwyr adre, mam yn pissed off, dwi'n grounded am wythnos gyfan!* ☹ *Nes i gael lot o hwyl heddiw. Tro nesa awn ni allan am ginio?? My treat! xxx*

Y tro nesaf y byddwn ni'n mynd allan mi fydda i'n gwisgo fy nghoron. Un anweledig, wrth gwrs. Os wnei di gerdded drwy ganol tre'r Rhyl efo coron aur am dy ben, bydd rhywun wedi'i dwyn hi oddi arnat ti ymhen deng munud, yn bendant.

8

Mae Mam a finne ar ein ffordd i Ysbyty Maelor ar gyfer fy apwyntiad. Hon fydd fy ail goes eleni, gan fy mod i wedi tyfu'n ddiweddar. Mae gen i un deg saith o goesau prosthetig yn yr atig achos allwn i ddim meddwl beth arall i'w wneud efo nhw heblaw am eu cadw y tu ôl i'r addurniadau Dolig.

Ar ddyddiau fel heddiw dwi'n colli hen Skoda Octavia Dad. Mae'n daith hir ofnadwy ar y trên i Wrecsam, a hyd yn oed ar ôl y daith trên mae'n rhaid i ni ddal bws i'r ysbyty. Efo'r holl deithio bydd yr apwyntiad yn cymryd diwrnod cyfan. Yr unig beth da am hyn ydi bod Mam wastad yn addo y cawn ni fynd am ginio i gaffi ar y ffordd adref.

Rydyn ni'n eistedd ochr yn ochr ar y bws, y ddwy ohonon ni'n syllu'n syth yn ein blaenau. Yn ddiweddar mae Mam wedi bod yn ymddwyn yn fwy od nag arfer. Tydi hi ddim wedi cau ei hun yn ei llofft am sbel, a tydw i ddim wedi gweld dagrau na chlywed sŵn ffraeo ers iddi hi a Dad fynd draw i Landudno ar eu pen blwydd priodas. Ond yn bendant, mae 'na rywbeth yn bod arni. Y rhan fwyaf o'r amser mae hi ar goll yn ei byd bach ei hun, fel y mae hi ar hyn o bryd, gyda golwg freuddwydiol yn ei llygaid.

Mae'r bws yn pasio'r Cae Ras yn Wrecsam, a phenderfynaf roi cynnig ar dorri'r tawelwch. 'Mam, oeddet ti'n gwybod mai yn y Cae Ras wnaethon nhw ffilmio gêm bêl-droed ryngwladol am y tro cynta?'

'Dyna neis, cariad.' Tydi hi ddim hyd yn oed yn gwrando. Petawn i'n dweud, 'Mam, yn syth ar ôl i mi droi'n un deg chwech dwi am redeg i ffwrdd i Gretna Green efo Gareth,' dwi'n tybio y byddwn i'n cael union yr un ateb ganddi.

Rydyn ni'n cyrraedd yr ysbyty ac yn mynd i'r stafell aros. Dim ond un teulu arall sydd yma heddiw: Mam, merch fach a babi. Fel arfer mae 'na dipyn o gleifion yn disgwyl, a dwi'n licio chwarae gêm o ddyfalu gan bwy mae'r goes brosthetig. Weithiau mae'n anodd neu'n amhosib dweud am fod y pethau'n ffitio mor dda. Ond heddiw mae'n eitha amlwg pwy ydi'r claf, am fod ganddi hi ddwy goes binc lachar.

Peth fach, tua phedair oed, ydi hi, efo gwallt melyn blêr a llygaid mawr glas. Mae hi'n parablu mewn cymysgedd o Gymraeg a Saesneg, sy'n denu fy sylw yn syth. Mae plant sydd â choesau prosthetig yn brin, ond mae plant sydd â choesau prosthetig sy'n medru siarad Cymraeg yn brinnach fyth.

'Helô! Gen i goesau *princess!*' medd hi, gan stampio'i thraed bach.

'Mi fedrwn ni weld hynny,' meddai Mam yn glên, gan benlinio o'i blaen hi. 'Maen nhw'n ddel iawn. Wyt ti'n dywysoges fach, felly?'

'Na. *I am Ellie!*' Ar ôl stampio'i thraed eto mae hi'n rhedeg i ffwrdd i gyfeiriad y tŷ bach twt yng nghornel y plant. '*Can't catch* fi!' mae hi'n giglan. Dwi'n ei dilyn hi, ac yn pipian drwy ffenest y tŷ bach pren. Mae hi'n pwyntio at fy nghoes dde.

'Ti gyn coesau sbesial hefyd!' medd, gan ddal ei llaw chwith i fyny am bawen lawen. Dwi'n eitha licio bod yn rhan o glwb y coesau sbesial.

'Oes, mae gen i goes arbennig,' dwi'n ateb, gan benlinio i

ddangos fy nghoes dde iddi hi. 'Ond tydi hi'm yn binc neis fel dy goesau di.'

Pan oeddwn i'r un oed ag Ellie fach roedd yn gas gen i pan oedd rhywun yn tynnu sylw at fy mhrosthetig. Mi fyddwn i'n strancio a chicio fy nghoes i ffwrdd bob cyfle gawn i. Unwaith, wnes i ei thynnu hi a'i ddefnyddio i waldio hen ddynes yng nghanol M&S. Tybed fyddwn i wedi hoffi fy nghoes yn well petai hi wedi bod yn biws neu'n wyrdd neu efo llun fy hoff gymeriad cartŵn arni? Ond am ryw reswm mynnodd Mam a Dad fy mod i'n cael coesau lliw croen, sy'n wirion achos tydi paent *'caucasian asian'* yn ddim byd tebyg i liw fy nghroen naturiol. Er bod y peth yn lliw-dim-byd, tydi hi ddim yn twyllo neb. Pan fydda i'n gwisgo siorts neu sgert fel heddiw, mae hi'n hollol amlwg mai coes ffals sydd gen i.

Mae'r derbynnydd yn fy ngalw draw ar gyfer fy apwyntiad. Dwi'n rhoi pawen lawen olaf i Ellie ac yn dweud hwyl fawr wrthi.

'*Hello, hello, how are we both today?*' Mae Lorna wedi bod yn gwneud fy nghoesau ers i mi fod yn bump oed. '*Rachel, I can see from how you're walking that your leg's getting a bit tight. Let's get you a new one made, shall we?*'

Dwi'n tynnu fy mhrosthetig ac mae Lorna yn lapio fy nghoes gyfan mewn cling-ffilm, ac yna haenau o blaster er mwyn gwneud cast o siâp fy nghoes. Bydd hi'n defnyddio'r cast i wneud y soced newydd allan o *carbon fibre*. Mae'r plaster yn wlyb ac yn poethi wrth iddo galedu – tydi o ddim yn deimlad braf, ond dwi'n ceisio meddwl am y peth fel triniaeth sba ar gyfer fy nghoes. Chwarae teg iddi, mae Lorna yn chwerthin bob tro dwi'n dweud yr hen jôc honno wrthi.

'*Are we going for skin tone again? Or can I tempt you with something a little more exciting? We've got some lovely fabrics.*'

'*Actually, could I have the socket in black?*'

'*A gothic leg? Why not?*'

'*Your dad won't like it, Rachel,*' rhybuddia Mam.

'*Why? It's my leg. I can understand if I wanted to have tattoo print fabric ... which, by the way, I'm totally getting once I turn sixteen ... But I've never, ever been allowed to have a colour.*' Mae Lorna'n eistedd yn ôl ar ei sodlau ac yn edrych i fyny ar Mam.

'*Rachel does have a point. At sixteen she'll make her own decisions regarding her leg. It can't hurt to let her have a colour now, can it?*' Mae Mam yn edrych arna i â phryder amlwg yn ei llygaid.

'Mae dy dad am i ti gael coesau plaen. Tydi o ddim am i ti gael dim byd rhy drawiadol.' Yn sydyn, dwi'n gandryll efo Mam. Yn gyntaf, am iddi dorri Lorna allan o'r sgwrs drwy newid i'r Gymraeg, ac yn ail, am iddi lynu at farn Dad yn hytrach na gwrando ar fy marn i.

'*Mum, it's my leg, not his! I shouldn't have to hide my leg unless I choose to. I'm not ashamed of being an amputee, and I didn't think you and Dad were ashamed of having one as a daughter.*'

'Dydyn ni ddim,' medd Mam yn dawel. 'Sut fedri di feddwl y fath beth?'

'*Well then, you won't mind me having something a bit more noticeable, will you? I want a black leg to go with my goth wardrobe, and I'm having a black leg!*'

Ar hynny, mae Mam yn codi ar ei thraed ac yn gadael y

stafell. Aiff Lorna ati i dynnu'r cast yn ofalus. '*Good on you,*' medd yn dawel.

Dwi'n ffeindio Mam yn y toiledau, yn sychu ei hwyneb i geisio cuddio'r ffaith ei bod hi'n crio.

'Ti'n meddwl bod gen i gywilydd ohonot ti, Rachel, ar ôl y sgwrs gawson ni? Mae hynny'n brifo'n arw.'

'Ti'n gwybod be arall sy'n brifo? Cael rhieni sy'n ymddwyn fel tase ganddyn nhw gywilydd o gael plentyn sy'n edrych yn wahanol i bawb arall! Mae mam Ellie yn hapus iddi hi gael coesau pinc llachar, a drycha pa mor falch ydi hi ohonyn nhw! Pam na cha i yr un peth? Os oes rhaid i mi wisgo'r blydi coes 'na am weddill fy mywyd, o leia gadewch i mi gael un mewn lliw dwi'n ei hoffi!'

'Meddwl amdanat ti yden ni, w'sti. Nid cywilydd sydd y tu ôl i'r peth, ond ofn i ti gael dy frifo eto gan bobl fel Eira ...'

'Mae pobl fel Eira yn mynd i bigo arna i beth bynnag.'

'Wel, ti'n gwybod sut un ydi dy dad ... mae o'n gallu bod braidd yn hen ffasiwn.'

'Ond pam wyt ti'n ochri efo fo o hyd? Dwi'n gwybod ei fod o'n dweud, "*my house, my rules*" ond fy nghorff i ydi o. Pam na wnei di ddweud wrtho fo, "dyma beth mae Rachel isio, a dwi'n cefnogi ei phenderfyniad"?'

Mae hi'n gwasgu'r hances bapur yn belen ac yn ei thaflu i'r bin. 'Mae dy dad yn ddyn da. Tydw i ddim yn gystal gwraig a mam ag y dylwn i fod, a dwi'n stryglo i gadw swyddi oherwydd fy iechyd. Ond mi fedra i wneud ei fywyd o'n haws trwy ei gefnogi o. Cadw'r ddysgl yn wastad. Dyna be dwi'n trio'i wneud, er mwyn pawb.'

'Wel, dwi am gael coes efo soced ddu, waeth be mae o'n feddwl.' Mae hi'n ochneidio, ond mi wn i fy mod i wedi ennill y ddadl.

'O'r gorau. Ti'n ddigon hen i wneud y penderfyniad dy hun. Ond fydd o ddim yn hapus.'

Mi wn i'n iawn y bydd Dad yn swnian. (*'Your entire wardrobe is black! Why do you have to take this "we're all doomed let's mourn the world" crap to the extreme?'*) Ond does dim ots gen i. Fi sy'n gorfod gwisgo'r goes bob dydd, nid fo!

Er ein bod ni newydd gael rhywbeth tebyg i ffrae, mae Mam yn dal yn benderfynol o fynd am ein trît bach ar y ffordd adref. Dwi'n falch o glywed hyn, achos mae'n amser i roi fy nghynllun ar waith. Dwi'n gofyn a gawn ni adael y bws yn Parry's Corner, yn hytrach na mynd yn ôl i ganol y dref. Rydyn ni wedi gwneud hyn gwpl o weithiau o'r blaen, gan fod 'na gaffi neis yng nghanol y Gerddi Botanegol. Ond nid i'r caffi hwnnw dwi'n bwriadu mynd, nid heddiw.

'Gen i ffansi hufen iâ, Mam,' dwi'n datgan, gan bwyntio at y parlwr hufen iâ drws nesaf i fferyllfa Parry's Corner.

'Ond ydi hi braidd yn oer i gael hufen iâ heddiw? Fyse'n well gen i gael brechdan.'

'Na, dwi'n teimlo fel hufen iâ,' atebaf yn benderfynol.

'Wel, dwyt ti ddim yn edrych fel un!' Tydw i ddim yn chwerthin ar ei jôc, ac mae hi'n ochneidio'n dawel. 'Dos di i brynu beth bynnag ti isio,' ildia, gan roi papur pumpunt yn fy llaw. 'Arhosa i yma.'

Dwi'n gwybod yn iawn pam nad oes ganddi awydd hufen iâ. Mae'r arwydd uwchben y siop yn darllen:

GELATO BY GINA.
Est. 2006. Gina Calvi, proprietor.

Camaf drwy'r drws. Lle bach ydi o, ond mae'n cynnig tri deg gwahanol fath o *gelato*. Fel arfer mi fysen i'n glafoerio, ond heddiw mae gen i bethau pwysicach ar fy meddwl. Mae 'na lond llaw o fyrddau a chadeiriau o flaen y ffenest, ond maen nhw'n wag. Fi ydi'r unig gwsmer.

Mae dynes y tu ôl i'r cownter – mae hi'n fach ac yn denau ofnadwy. Mae ganddi liw haul da, ond mae'r crychau a'r brychni o gwmpas ei llygaid a'i thrwyn yn awgrymu ei bod hi'n treulio bach gormod o amser dan wely haul. Er hynny, mae hi'n andros o ddel. Dydi hi ddim yn debyg i Shane, ond rhywsut mi wn i yn syth mai dyma Gina Calvi.

'*What can I get you, my lovely?*' gofynna, gan ddangos dannedd sy'n wyn a disglair fel teils y cownter.

'Siocled dwbl, plis,' atebaf, gan gryfhau fy acen Gymraeg. Mae hi'n codi ei haeliau perffaith.

'Ti'n siarad Cymraeg?'

'Ydw.'

'Braf iawn clywed rhywun yn ei defnyddio hi rownd fama. Tair punt, cyw.' Rhoddaf bapur pumpunt iddi ac mae hi'n codi'r newid o'r til. Wrth iddi droi mae hi'n edrych i lawr ar fy nghoes.

'Ti'n meindio i mi ofyn be ddigwyddodd i dy goes di?'

'Ges i feningitis a septicaemia pan o'n i'n ddwy oed.'

'Rhaid bod hynny'n anodd iawn i ti.'

'Oedd. Ond 'di o ddim yn gymaint o broblem rŵan. 'Blaw am heddiw. Dwi newydd fod yn yr ysbyty i gael fy mesur am soced newydd, achos mae'r un yma'n rhy fach ac yn dechrau gwasgu.'

'Wel mae'n grêt bod gen ti agwedd mor bositif ... Sori. Dwi ddim isio swnio'n nawddoglyd. Ti'n meindio petawn i'n gofyn un cwestiwn arall?'

'Dim o gwbl.'

'Ddigwyddodd rhywbeth tebyg i ferch fy ffrind ... Wyt ti'n ferch i Lois Ross?'

Gwych! Yr holl ffordd yma fues i'n meddwl am wahanol ffyrdd o lywio'r sgwrs at y berthynas rhwng Mam a'r teulu Calvi. ('Calvi ... enw anghyffredin! Wyt ti'n digwydd bod yn perthyn i berchennog Club Calvi? ... Est ti i Ysgol Llanelwy hefyd? Aeth fy mam yno, falle fyset ti'n ei chofio hi ...') Ond dyma Gina'n gwneud y gwaith caled! Dwi'n trio peidio â gwenu wrth i mi ateb.

'Ydw.'

'O'n i'n ffrindiau efo Lois am flynyddoedd! Ti yw ei merch hynaf felly – Rachel? Dwi heb dy weld di ers dros ddegawd, dim ers i mi dy weld di yn y farchnad efo dy nain ...'

'Oeddet ti'n nabod Nain?'

'Un o'r bobl anwylaf yn y byd. Y tro olaf i mi weld dy fam oedd yn ei hangladd hi. Mae'n biti na wnaeth dy fam gadw'r stondin i fynd ... Be mae Lois yn wneud y dyddiau yma? Ble mae hi'n byw?'

'Gei di ofyn iddi dy hun os lici di. Mae hi'n sefyll tu allan.'

BINGO! Mae hi'n rhedeg allan gyda chri o 'Lois, bêbs!' Yr eiliad nesaf mae Gina'n llusgo Mam drwy'r drws. Ond yn hytrach na bod yn hapus i weld ei hen ffrind, mae Mam yn edrych fel petai hi newydd gael ei herwgipio gan lond cwch o fôr-ladron.

''Stedda di lawr, cyw,' meddai Gina wrtha i. 'Mi wna i *knickerbocker glory* yn arbennig i ti, tra mae dy fam a finne'n cael *catch up* sydyn. Lois, ty'd at y cownter am goffi.' Mae Gina'n estyn am wydr tal ac yn dechrau ei lenwi â hufen iâ.

'Lois, dwi'n methu credu nad yden ni wedi gweld ein gilydd ers ... faint sy 'na, deng mlynedd?'

'Chydig yn llai na hynny,' ateba Mam yn sych.

'A drycha ar Rachel fach rŵan! Mae hi'n ddynes ifanc!'

'Tydi hi ddim yn un ar bymtheg eto.'

'Wyt ti'n dal yn briod?'

'Ydw, dal yn briod â Jason.'

'Ro'n i'n briod am bum mlynedd, ond roedd yn well ganddo'r cyffuriau na'i briodas. Diolch byth fod Tony a Shane yna i 'nghael i'n ôl ar ben ffordd.' Dwi'n gwingo wrth glywed enw Tony, ac allan o gornel fy llygad gwelaf fod Mam newydd wneud yr un peth. Ond tydi Gina ddim wedi sylwi ar ein hymatebion. Mae hi wrthi'n chwistrellu hufen a saws siocled ar ben y tŵr o hufen iâ.

'*Ta-daah!*' datgana, gan osod y *knickerbocker glory* ar y bwrdd. 'Mwynha, cyw.' Rŵan mae gen i gôn siocled yn un llaw a gwydr anferth o hufen iâ o 'mlaen i.

Mae Gina'n mynd draw at y drws ffrynt ac yn ei gloi. 'Lois, ty'd ti i'r cefn efo fi. Gen i gwpl o hen luniau yr hoffwn eu dangos i ti.' Mae Mam yn mynd efo hi, er, unwaith eto, fyset ti'n meddwl bod rhywun yn dal gwn at ei phen.

Dwi'n gafael mewn llwy er mwyn ceisio dinistrio'r pentwr o hufen iâ cyn iddo doddi dros y bwrdd. Ar yr un pryd dwi'n gwrando'n astud ar y sgwrs yn y gegin. Mae'n amlwg bod Gina wedi hebrwng Mam i'n gegin fel na fydden i'n medru clywed eu sgwrs. Pwy sy'n cadw albwm lluniau mewn cegin dywyll tu ôl i siop hufen iâ? Maen nhw wedi gwthio'r drws fel ei fod ar gau, ond er hynny gallaf glywed y rhan fwyaf o'r hyn maen nhw'n ddweud.

'Mae hi 'di bod yn gweld Shane, w'sti.'

'I weld Mel aeth hi, nid Shane.'

'Ond mae hi wedi cwrdd â Shane, wedi bod yn holi ...'

'Sut fyddai hi wedi cael gwybod, heblaw bod Shane wedi agor ei geg?'

'Ar fy ngwir, nid Shane wnaeth. Ond c'mon, tydi hi ddim yn mynd i fod yn bosib cuddio'r ffaith am byth, nac'di? Mae ganddi hi hawl i wybod.'

'Cau dy geg!' chwyrna Mam ar Gina. Mae hi wedi'i chornelu – all hi ddim rhedeg i'w stafell wely a chau'r drws y tro hwn.

Dwi'n sylweddoli fy mod i wedi bod yn eistedd am funud go lew gyda'r llwy hanner ffordd at fy ngheg. Fues i'n gwrando mor astud ar y sgwrs mae 'na bwll o *Rocky Road* yn toddi ar y bwrdd o 'mlaen i. Dwi'n gwthio'r llwy i ganol y cawl hufennog ac yn sefyll ar fy nhraed. Dyma'r amser. Dyma'r amser i mi fartsio at y drws a gofyn, 'Hawl i wybod be, Mam?' Ond cyn i mi fedru codi mae Mam yn brasgamu allan o'r gegin, a'i bag llaw dros ei hysgwydd. Ydi, mae hi am ei heglu hi a chuddio unwaith eto.

'Rachel? Diolcha i Gina. Rhaid i ni fynd. Rŵan.' Mae hi'n siarad yn yr un llais â'r un ddefnyddiodd hi i siarad efo Mr Johnson-Rees, ac mi wn i nad oes pwynt ateb yn ôl. Cerdda allan drwy'r drws heb ffarwelio â Gina. Dwi'n taflu golwg sydyn at chwaer Shane, sy'n sefyll yn nrws y gegin a'i breichiau wedi'u plethu ar draws ei mynwes.

'Hawl i wybod be?' gofynnaf yn dawel.

'RACHEL ...'

'Gofynna i dy fam,' ateba Gina, ac mae hi'n swnio'r un fath â'i brawd. Dwi'n pwyntio at y pwll siocled ar y bwrdd.

'Sori am y llanast.'

'RACHEL!'

'Nid ti achosodd y llanast, cyw,' medd Gina, â gwên drist.

Tu allan i'r siop mae Mam yn cydio yn fy llaw ac yn hanner fy llusgo i fyny'r stryd. Tydi hi ddim wedi gwylltio efo fi fel hyn ers i mi drio smygu un o sigaréts Dad. Wnes i ollwng un a llosgi twll yn y carped newydd sbon yn y stafell fyw. (**Sut i Osgoi Helynt #10: Paid â smygu. Mae o'n afiach ac yn difetha dy dŷ. A dy ysgyfaint.**)

Dwi'n dal i afael yn y côn siocled, ac wrth i ni gerdded mae'n rhaid i mi ei lyfu i'w stopio fo rhag toddi a rhedeg i lawr fy arddwrn.

'Mam ... Mam, arafa wnei di? Mam, mae 'nghoes i'n brifo!' Unwaith rydyn ni ryw ddau gan llath o barlwr hufen iâ Gina mae hi'n gollwng fy llaw. Dwi'n mynd at fin sbwriel ac yn lluchio gweddillion fy *gelato* iddo. Oeda Mam i ddisgwyl amdana i, â golwg ddifrifol ofnadwy ar ei hwyneb.

'Rachel, mae 'na reswm da pam y gwnes i roi'r gorau i fod yn ffrindiau cfo Gina – yr un rheswm pam y gwnes i dy wahardd di rhag mynd yn ôl i Club Calvi.' Mae hi'n syllu i fyw fy llygaid. 'Y teulu 'na ... maen nhw'n bobl beryglus. Maen nhw'n droseddwyr, gangstyrs. Maen nhw'n brifo pobl ac yn difetha bywydau. Mae un ohonyn nhw wedi lladd rhywun.'

Mae hi'n oedi, gan roi amser i mi brosesu'r hyn mae hi newydd ei ddweud. 'Os ydw i'n dy wahardd di rhag gwneud rhywbeth, mae gen i reswm da. Cadwa di draw o'r clwb, cadwa di draw o'r siop *gelato*. Cadwa di draw o bob aelod o'r teulu Calvi. Paid â sôn amdanyn nhw, paid â gofyn amdanyn nhw. Dwi'n gwneud hyn er mwyn dy amddiffyn di. Anghofia am y teulu Calvi ...' Mae hi'n cymryd anadl ddofn, '... a does dim rhaid i mi sôn wrth dy dad am yr *hickie* hyll 'na ar dy wddw di.' Bu bron i'r sylw olaf fy llorio. Sut y llwyddodd hi i weld *hickie* Gareth o dan fy ngholer ci? Ac ydi Mam newydd fy mlacmelio i?

I ffwrdd â hi eto, i gyfeiriad Brighton Road. Ai fi sy'n dychmygu pethau, neu ydi hi'n cerdded yn fwy sionc nag o'r blaen? Yn bendant, mae hi'n cerdded yn gyflymach. Ydi, mae hi'n rhedeg i ffwrdd cyn i mi gael siawns i holi mwy arni.

Mae ei geiriau'n corddi yn fy mhen ... gangstyrs, difetha bywydau, lladd, brifo ... dyma gawlach go iawn. Dwi wedi chwilio ar Google am Toni Calvi, Toni + Calvi + Rhyl, Tony Calvi + Lois Jones, ond mae 'na 3,210,000 o ganlyniadau ar Google a dim un ohonyn nhw'n sôn am droseddwr na gangstyr sy'n berchen ar glwb nos. Mae'r oedolion yn cuddio rhywbeth. Mae Mam, Shane, Gina, Jim, a Google hyd yn oed, yn ceisio fy nghadw i rhag dod o hyd i Tony Calvi. 'Ffrind bach Tony ... y ferch sy'n perthyn i ...' dyna be ddwedodd Jim, cyn i Shane frysio i gau ei geg. Os ydi o'n 'ffrind' i mi, dwi'n bwriadu ei gyfarfod.

Rydyn ni'n cyrraedd adref toc ar ôl hanner dydd. Mae Dad yn eistedd ar y soffa mewn trôns a chrys-t sy'n rhy fach iddo fo.

'*Everything okay at the hospital?*' gofynna, heb fawr o ddiddordeb.

'*Fine,*' meddai Mam.

'*New leg next month,*' ychwanegaf. Does 'run ohonon ni'n sôn am ein ffrae, nac am liw fy nghoes newydd.

'*Make us a coffee, Lois. There's a message on the answer machine. I think it's for you, Rach.*'

Mae Mam yn mynd ati i baratoi paned o goffi i Dad, a dwi'n mynd i wrando ar y peiriant ateb. Gan Dave o'r clwb drama mae'r neges: 'Helô, dyma neges i Rachel, *this is a message for Rachel*. Mae'r clyweliadau dydd Iau nesa, cofia, ond alli di ddod â dy ffurflen ganiatâd a chopi o dy dystysgrif geni i'r wers heno? TTFN.' Ar ben blwydd Dad mae'r clyweliadau. Diolch byth na fyddwn ni'n medru fforddio mynd allan am bryd o fwyd i ddathlu. Af drwodd i'r gegin i ofyn i Mam am fy nhystysgrif geni.

'Ar ôl i mi wneud cinio i dy Dad mi a' i i chwilio amdani,' mae hi'n addo. Mae Dad yn galw o'r stafell fyw, '*Rachel, go upstairs and get on with your coursework. If you want to go to drama class tonight you'd better use the afternoon to get your homework done.*'

Fel arfer y peth olaf dwi awydd ei wneud ydi treulio diwrnod allan o'r ysgol yn fy stafell wely. Ond heddiw dwi'n hapus i fynd at fy nesg fach a rhoi cynnig ar ddeall hafaliadau cydamserol. Dwi ar bigau'r drain yn disgwyl i Dad fynd i'r gwaith, er mwyn i mi gael cyfle i siarad efo Mam eto. Dim ots be ddwedodd hi o'r blaen, mae'n rhaid i mi gael atebion. Dwi'n siŵr y ca' i lond ceg ganddi am ofyn iddi pwy ydi Tony Calvi – un ai llond ceg o abiws am 'fusnesa', neu lond ceg o gelwyddau. Ond mae'n rhaid i mi ofyn y cwestiwn. Dwi bron yn un deg chwech; bron yn ddigon hen i briodi neu ymuno â'r fyddin, neu gael secs. Tydi o ddim yn iawn ei bod hi'n dal i fy nhrin i fel plentyn.

Dwi'n taflu fy meiro ar draws y stafell mewn rhwystredigaeth. Mae algebra yn nonsens a fedra i ddim gwneud pen na chynffon ohono. Be ddiawl ydi ystyr πr^2? Bwyd ydi *pie*, nid rhes o rifau!

Am ddau o'r gloch clywaf Dad yn dweud ei fod o'n meddwl mynd i dorri gwair yr *'old biddies'* sy'n byw wrth ymyl Sainsbury's. Mae o'n gobeithio cael pumpunt yr un ganddyn nhw. Er 'mod i ar bigau'r drain yn gwrando am sŵn y drws ffrynt yn cau, mi wn i fod yn rhaid i mi gwblhau fy ngwaith cartref cyn diwedd yr wythnos. Ceisiaf ganolbwyntio ar gyfrifo arwyneb cylchoedd, ond yna mae'r ffôn yn canu ac mae llais Mam fel cacynen, *buzz, buzz, buzz* o'r gegin, yn fy ngyrru fi'n wyllt. Sut mae person i fod i ganolbwyntio ar unrhyw beth pan mae waliau'r tŷ mor denau â phapur?

Ond dwi'n twyllo fy hun. Petai'r lle 'ma'n dawel fel y bedd fysen i'n stryglo i ganolbwyntio am fwy na rhyw funud. Nid y sŵn sy'n fy mhoeni, ond y lleisiau yn fy mhen. Dwi'n teimlo fel dŵr yn berwi mewn sosban, yn barod i dasgu dros y top.

Pan mae Mam yn cnocio ar y drws dwi bron yn neidio allan o fy nghroen. Mae ganddi hambwrdd yn ei dwylo.

'Dwi 'di gwneud paned i ti,' medd yn dawel. 'Gwranda, mae Mel newydd ffonio. Mae ei mam yn ôl yn y 'sbyty. Mae hi wedi gwaethygu ers iddi ddisgyn i lawr y grisiau. Yn ôl Mel does 'na fawr o obaith iddi. Dwi'n mynd i eistedd efo nhw, fel na fydd Mel ar ei phen ei hun pan ddaw'r amser. Mae Mrs Jordan yn hapus i godi Sara o'r ysgol fel dy fod di'n cael mynd i dy wers ddrama. Dwi'n gwybod bod y clyweliadau'n bwysig i ti.' Mae hi'n gosod y gwpan ar fy nesg, ac yna'n rhoi llaw ysgafn ar fy ysgwydd. 'Fyddi di'n iawn hebdda i am gwpl o oriau?'

'Wrth gwrs y bydda i'n iawn,' atebaf yn ddiamynedd – dwi wedi fy siomi na fydd cyfle i gael 'y sgwrs' efo hi am Tony. Ond yna dwi'n teimlo'n euog am fod yn swta, am fy mod i'n gwybod ei bod hi'n cofio'r diwrnod pan fu Nain farw. Daeth Mel draw bryd hynny i ofalu am Sara a finne er mwyn i Mam a Dad gael cyfle i dreulio amser yn yr ysbyty. Ceisiaf feddalu rhywfaint ar fy llais. 'Paid â phoeni amdana i, Mam. Dos di at Mel ac arhosa dros nos os oes angen. Mi wna i ofalu am Sara a'i chael hi'n barod i fynd i'r ysgol fory.' Mae hi'n plygu ac yn fy nghusanu ar fy nhalcen.

'Diolch i ti, cyw.' Mae hi'n estyn rhywbeth arall oddi ar yr hambwrdd ac yn ei osod ar y ddesg: fy ffurflen ganiatâd a 'nhystysgrif geni. 'Dyma dy waith papur at heno. Pob lwc yn yr ymarfer.' Mae hi'n mynd at y drws, ond yn oedi cyn mynd drwyddo. 'Dwi'n dy garu di, Rachel. Dy garu di fwy nag y gelli di wybod. Mae'n ddrwg gen i am fod yn flin yn gynharach.'

'Caru ti 'fyd, Mam.' Rydyn ni'n gwenu ar ein gilydd, ac am eiliad mae fel petai ffrae'r prynhawn heb ddigwydd. Ond mi wnaeth hi ddigwydd. Dyna'r broblem. Dwi'n mynd i sefyll wrth fy ffenest, i'w gwylio hi'n cerdded i lawr y stryd. Mae gen i lwmp yn fy ngwddw. Codaf fy nhystysgrif geni a'i darllen:

Enw'r fam: Lois Gwenllïan Haf Ross.
Enw'r tad: Jason Reginald Ross.

Yna, dwi'n mynd draw at y drych ar fy wal ac yn syllu'n galed ar fy adlewyrchiad, gan graffu i ddyfnderoedd fy llygaid. Mae 'na frychni o wyrdd a brown yn fy iris, ond llygaid glas sydd gan Mam a Dad. 'Ti'n edrych fel dy hen nain,' dyna mae Mam wedi'i ddweud droeon – sy'n gyfleus iddi hi achos does 'na'r un llun da ohoni'n bodoli. Dwi'n trio cofio rhywun, jest un person, yn dweud, '*Rachel's the spit of her dad, ain't she?*' Ond fedra i ddim cofio neb yn dweud hynny. Ai llygaid Tony sy'n syllu'n ôl arna i drwy'r drych? Mae'n amser i mi ganfod y gwir.

9

Wrth i mi gerdded yn ôl i siop Gina dwi'n teimlo'n grynedig ac yn annifyr, fel petai nythaid o forgrug yn symud o dan fy nghroen. O bawb, Gina ydi'r un a ymddangosodd yn fwyaf parod i drafod yn agored, a dwi ar bigau'r draen eisiau siarad â hi eto.

Dim ond hanner awr wedi tri ydi hi, felly dwi'n eitha sicr y bydd ei siop yn dal ar agor erbyn i mi gyrraedd yno, a dwi'n llygad fy lle. Mae'r byrddau bach yn llawn plant yng ngwisgoedd llwyd a phiws Ysgol Uwchradd y Rhyl. Cerddaf i'r siop, ond dynes ddieithr sydd y tu ôl i'r cownter. Rhaid i mi ymuno â'r ciw a disgwyl fy nhro.

'What can I get you?'

'Is Gina about?'

'No. She left about half an hour ago.'

'Do you know when she's likely to be back?'

'Gone to look after a friend with a sick relative. No idea when she'll be back. Now, there's others behind you ...' Mae Gina, Mam a Mel tua'r un oed – efallai eu bod nhw'u tair yn hen ffrindiau ysgol. Rhaid bod Gina wedi mynd i eistedd efo Mel a'i mam hefyd. Os felly, does gen i ddim gobaith o'i gweld hi heno.

Dwi'n gadael y siop ac yn dechrau cerdded yn ôl i gyfeiriad canol y dref. Codaf fy llaw at fy ngheg i frathu'r croen. Mae'r morgrug yn eu holau, yn martsio dan fy nghroen. Rhaid i mi gael atebion. Mae'n rhaid i mi.

Ugain munud yn ddiweddarach dwi'n sefyll y tu allan i Club Calvi, yn cnocio ar y drws. Ar ôl be sy'n teimlo fel oes, clywaf lais yn dod o'r tu ôl i'r pren trwm. '*Hold your bloody horses, I'm coming ...*', yna sŵn allwedd mewn clo. Medium Jim sy'n agor y drws.

'Ti'n iawn, *kiddo*?' mae o'n gofyn yn garedig. 'Ni ddim ar agor eto.'

'Ydi Shane yma?'

'Sori, ond ti'n cofio be ddeudodd o ... Ti dan oed. Dwi'm yn cael gadael ti 'nôl yn yr adeilad.'

'Jim, plis! Rhaid i mi siarad efo Shane. Dwi ddim isio dy gael di i drwbwl na dim, ond mae'n rhaid i mi weld Shane heddiw.' Dwi'n sbio i fyny arno efo llygaid trist, gan geisio gwneud i mi fy hun edrych yn ddagreuol fel y byddai Carys wedi'i wneud, yn erfyn am ei gymorth.

'Sori, *kiddo* ond chei di ddim dod i mewn. *Not on my watch*.' Ond wrth iddo ddweud hynny mae o'n wincio arna i ac yn amneidio'i ben i'r chwith. Deallaf yn syth ei fod o'n ceisio dweud bod 'na ffordd arall i gael mynediad i'r clwb heblaw y drws ffrynt. I'r chwith o'r clwb, y tu ôl i res o finiau sbwriel, mae lôn gul sy'n edrych fel petai'n arwain i gefn yr adeilad.

'O'r gorau, sori i greu trafferth i ti, Jim ...' Mae o'n cau'r drws, a chlywaf y bollt yn cloi.

Mae'r lôn yn dywyll, yn wlyb dan draed ac yn llawn pentyrrau o sbwriel. Mae hi'n drewi fel y bydd ein toiled ni ar ôl i Dad gael gwenwyn bwyd o ryw têc-awê doji. Gan godi fy llawes at fy nhrwyn, dwi'n gwneud fy ffordd yn ofalus drwy'r budreddi. Mae 'na gondoms ar y llawr, a chaniau a photeli gwag. Dwi'n troedio'n ofalus rhag ofn bod nodwyddau yno hefyd. Mae'r lôn yn arwain at giât bren, a'r tu ôl i honno mae iard goncrit. Yng nghornel bella'r iard dwi'n canfod fy nod: grisiau tân yn arwain at lawr cyntaf yr adeilad.

Yn ofalus, dechreuaf ddringo'r grisiau. Rhai haearn ydyn nhw, yn serth ac ychydig yn llithrig dan draed. Dwi bum gris o'r top pan mae'r drws yn fflio'n agored ac mae'r *ninja* blin yn gwgu i lawr arna i o'r stepen uchaf.

'Ti eto,' medd Shane.

'Mae'r blydi grisiau 'ma'n beryg bywyd!' Dwi'n estyn llaw allan am gymorth. Mae o'n dal i wgu arna i, ond mae o'n ormod o ŵr bonheddig i 'ngadael i'n sefyll yma. Mae o'n cymryd fy llaw ac yn fy nhynnu i dop y grisiau.

'Ti'n hen beth fach benderfynol,' medd yn finiog.

'Ydw,' atebaf, gan eistedd yn un o'r cadeiriau cyfforddus gyferbyn â'i ddesg a phlethu fy mreichiau ar draws fy mrest. 'Ond cyn i ti ddechrau dweud y drefn eto, dwi wedi trio gofyn i Mam, nifer o weithiau, am Tony. Mae hi'n gwrthod trafod y peth; ond rwyt ti, fi, Gina a Jim yn gwybod ei bod hi'n cadw cyfrinach. Os na fyddi di'n dweud y gwir wrtha i, mi fydd yn rhaid i mi fynd at dy chwaer. Ac os na fydd hi'n dweud y gwir, mi wna i holi Jim eto ... Mae 'na rywbeth doji yn mynd ymlaen. Dwi'n haeddu atebion, dwi angen atebion, a dwi am fwydro pob un ohonoch chi nes i mi eu cael nhw.'

Mae Shane yn mynd i gornel y stafell, ac am eiliad dwi'n poeni ei fod o'n mynd i alw Jim ar yr *intercom* a gofyn iddo fy hel i allan unwaith eto. Ond yn lle gwneud hynny, mae o'n agor drws oergell fach ac yn estyn cwrw iddo'i hun.

'Iawn,' meddai, ar ôl iddo lowcio hanner y tun. 'Ro'n i'n

gwybod y byset ti'n dod yn ôl. Ti'n rhy glyfar, a busneslyd, i beidio â sylweddoli fod 'na rywbeth anarferol ynglŷn â'r sefyllfa.'

Dyma ni: cyfle i leisio'r pryder sydd wedi fy mhlagio ers i Jim fy ngalw i yn 'ffrind bach Tony'. Eistedda Shane yn ei gadair, gan dorchi ei lewys fel petai'n paratoi ei hun am frwydr. 'Gofynna dy gwestiwn, Rachel. Dweda'r hyn sydd ar dy feddwl.'

'Dwi'n meddwl mai Tony Calvi ydi 'nhad go-iawn i.'

10

Am eiliad hir mae Shane yn sbio arna i heb ddweud dim, ond does dim rhaid iddo ddweud unrhyw beth. O'r golwg ar ei wyneb mi wn i fy mod i'n iawn. Tony Calvi ydi fy nhad i.

'Faint o'r stori wyt ti'n wybod?' gofynna o'r diwedd. 'Ydi dy fam erioed wedi sôn am ei pherthynas efo Tony? Sut y gwnaethon nhw gyfarfod?'

'Mi wn i ei bod hi wedi gweithio yma, tu ôl i'r bar. Dyna'r cwbl.'

'Wel, roedden nhw yn yr ysgol efo'i gilydd. Ddechreuon nhw fynd allan efo'i gilydd pan oedden nhw tua'r un oed â ti; a wnaethon nhw aros efo'i gilydd reit trwy'r chweched, nes i Tony fynd i'r brifysgol.' Fo oedd cariad Mam felly – yr un y soniodd hi amdano, yr un a godai ofn ar bawb. Os ydi Tony'n debyg i'w frawd mi fedra i goelio hynny'n hawdd.

Mae Shane yn parhau i siarad. 'Roedden ni i gyd yn disgwyl iddo ddod 'nôl o'r coleg a'i phriodi hi. Dorrodd o ei galon pan glywodd o fod Lois yn engêjd i Jason Ross. Ddaeth Tony ddim yn ôl adre am ddegawd wedyn. Ond pan agorodd y clwb 'ma, daeth dy fam draw am gyfweliad swydd, ac o fewn wythnosau roedden nhw'n cael affêr ... Wnes i rybuddio'r bastad twp ei bod hi'n briod – dwi'n dal i synnu na sylweddolodd Jason fod rhywbeth yn mynd ymlaen rhyngddyn nhw. Ac ymhen dim roedd Lois yn feichiog. Doedd dy fam ddim gant y cant yn siŵr mai Tony oedd dy dad, ond o'r hyn dwi'n ei ddallt, roedd hi ar fin pacio'i phethe a gorffen ei phriodas pan gafodd Tony ei arestio a'i ddanfon i'r carchar.'

'Carchar! Am be?'

'Bod yn greadigol gyda'i gyfrifon. Osgoi talu ei drethi. Gafodd o gwpl o flynyddoedd am dwyll.' Dwi'n rhoi ochenaid o ryddhad ar glywed mai peidio â thalu trethi oedd y drosedd. Wnaeth o ddim brifo neb. Byddai wedi bod yn afiach clywed bod Tony yn y carchar am dynnu dannedd rhywun allan efo pleiars neu rywbeth fel'na. Dyna beth o'n i'n hanner ei ddisgwyl ar ôl disgrifiad Mam ohono – tybed wnaeth hi or-ddweud er mwyn trio fy nychryn i, er mwyn fy atal i rhag siarad efo Shane a Gina eto?

'Roedd Tony'n deall na fyse Lois yn gadael ei gŵr tra oedd o yn y carchar. Doedd o ddim yn deg i ddisgwyl iddi hi ymdopi fel mam sengl.' Doedd o ddim yn deg i ddisgwyl i Dad fagu plentyn dyn arall chwaith, ond dwi'n dewis peidio dweud hynny wrth Shane. 'Roedd Tony'n gobeithio y byse hi'n disgwyl amdano, a'i briodi. Ond pan aeth o i'r carchar torrodd Lois bob cysylltiad. Chafodd o ddim hyd yn oed gweld llun ohonot ti ar ôl i ti gael dy eni. Hyd yn oed pan ddaeth Tony allan o'r carchar doedd hi ddim yn fodlon siarad efo fo. Roedd hi wedi gosod ei phabell ar gae Jason Ross, a dyna fo. Yr unig ddewis oedd ganddo oedd cadw draw.'

'Sut allai hi wneud y fath beth i Dad?' Mae cymaint o gwestiynau'n chwyrlïo o amgylch fy mhen, a dim ond Mam (a phrawf DNA, o bosib) all roi'r atebion i mi.

Yna, mae atgof *random* yn crwydro i fy mhen. Dim byd mawr, jest Dad a fi yn y 'lotment. Mae Dad yn palu'r ardd a dwi'n llwytho'r pridd i bwced ac yn ei symud o un ochr o'r domen i'r llall. Dwi'n fwy o niwsans na help, ond mae Dad yn dweud fy mod i'n gryf 'fath â fo. Mae o'n pinsio top fy mraich ac yn dweud fy mod i'n magu mysyls hiwj. Yna mae'r pridd yn fflio oddi ar ei raw ac yn fy nharo fi reit yn ganol fy wyneb, a dwi'n dechrau crio. Mae Dad yn penlinio o 'mlaen i, yn poeri ar ei lewys ac yn sychu'r pridd oddi ar fy wyneb, gan fy ngalw fi'n '*mucky pup*'. Yn syth, dwi'n rhoi'r gorau i grio ac yn dechrau chwerthin. Roedd Dad wastad yn well na Mam am wneud i mi chwerthin, hyd yn oed pan oedd fy nghoes yn fy mhlagio i.

Mae gen i lwmp yn fy ngwddw, fel yr amser y llyncais daten rost gyfan, ac mae o'n brifo'n uffernol. Dwi'n flin efo Mam am ei dwyllo fo, ac am beidio â bod yn ddigon dewr i ddweud y gwir. Teimlaf fel mynd adref, edrych yn y geiriadur i weld beth ydi *spineless*, *dishonest* a *deceitful* yn Gymraeg, a sgrechian y geiriau yn ei hwyneb hi. Ond tydw i ddim yn siŵr y bydda i'n medru sgrechian, achos mae'r lwmp anferth yn dal i fod yn fy ngwddw ac mae o wedi chwyddo i'r un maint â phêl fowlio, ac mae 'na ddagrau yn fy llygaid ...

'Mi wnes i drio dy rybuddio di y byse'r gwir yn brifo,' medd Shane yn drist.

'Paid â meiddio dweud "*I told you so*"!' chwyrnaf arno, gan swnio fel Mam.

'Do'n i ddim am ddweud unrhyw beth o'r fath. Ond byddai hyn wedi bod yn haws yn dod ganddi hi.' Mae o'n codi, yn cerdded o amgylch ei ddesg, a'r peth nesaf, mae o'n rhoi ei freichiau am fy ysgwyddau ac yn rhoi cwtsh mawr i mi. Am eiliad dwi'n beichio crio fel phlentyn bach wedi syrthio ar fuarth yr ysgol, ac mae o'n fy nal i'n dynn ac yn gadael i mi grio. Ar ôl munud dwi'n rhyddhau fy hun ac yn sychu fy wyneb. Mae cefn fy llaw yn ddu efo *eyeliner*, a chynigia Shane hances bapur i mi o'r bocs ar ei ddesg.

'Sori,' dwi'n igian.

'Paid ag ymddiheuro. 'Sdim byd yn bod efo crio, yn enwedig ar ôl i ti gael sioc.'

Mae 'na un cwestiwn arall mae'n rhaid i mi ei ofyn, ond mae gen i ofn y bydd yr ateb yn waeth na'r un cynt. 'Rhaid i mi gael gwybod y gweddill,' mynnaf. '*Hit me.*'

'Tydi hwnna ddim y math o gynnig ti isio'i roi i rywun oedd yn arfer bod yn focsiwr proffesiynol,' medd Shane efo gwên drist arall. Mi wn i'r gair am yr hyn mae o'n wneud: *procrastination.* Ceisio osgoi'r pwnc.

'Gei di ddweud hanes dy yrfa focsio rywbryd arall, ond rŵan, rhaid i mi wybod be ddigwyddodd i Tony. Ble mae o?'

''Run lle ag o'r blaen. Y carchar.'

'Tacs eto?' gofynnaf yn obeithiol. Ond ysgwyd ei ben mae Shane.

'Dynladdiad.' Tydw i ddim wedi clywed y gair o'r blaen, felly mae hi'n cymryd eiliad i mi ei dorri i lawr ac i feddwl am y peth:

Dyn = dyn

Laddiad = lladd?

'*Manslaughter,*' eglura Shane. Yn sydyn, dwi'n teimlo fel petai llaw ar fy mhibell wynt, yn gwasgu'r holl aer allan o fy ysgyfaint. Dwi'n gwybod nad ydi *manslaughter* mor ddrwg â llofruddio rhywun, ond mae o'n golygu fod Mam yn iawn – mae Tony Calvi wedi cymryd bywyd person arall.

'Be ddigwyddodd? Pwy wnaeth o'i ladd?'

'Gŵr Gina. Roedd o'n *druggie* treisgar. Mi wnaeth hi ei adael o, a gofyn am ysgariad. Un noson roedd o'n disgwyl amdani y tu allan i'r clwb, yn yr ali fach y gwnest ti gerdded ar ei hyd i ddod yma.' Mae'r wybodaeth yma'n rhoi croen gŵydd i mi. 'Does neb yn siŵr be yn union oedd ei fwriad, ond mi glywodd Tony hi'n sgrechian, a rhedodd allan i ganfod y boi gydag un llaw am ei gwddw a'r llall dros ei cheg. Collodd ei dymer, ac yn hytrach na gadael i Jim ddelio â'r peth, mi ddyrnodd o'r boi yn ei wyneb. Un ergyd, ond ar y ffordd i lawr mi darodd y boi ei ben, a dyna a'i lladdodd o. Amddiffyn ei chwaer oedd Tony, a derbyniodd y barnwr mai damwain oedd hi. Ond mi gafodd o bedair blynedd yn y carchar 'run fath.'

Crynaf wrth feddwl fy mod i wedi cerdded heibio rhywle lle gafodd person ei ladd. Mae 'na dipyn o'r rheini o gwmpas y Rhyl, ond be sy'n erchyll ydi'r ffaith mai'r tro hwn, y person sydd â'r gwaed ar ei ddwylo ydi'r dyn-all-fod-yn-dad-i-mi.

Fel petai Shane wedi darllen fy meddyliau, mae o'n egluro, 'Mae gan Tony dipyn o enw fel gangstyr, ond ar fy ngwir, tydi o ddim. Ar wahân i'r busnes gyda'i drethi doedd o erioed wedi bod mewn helynt efo'r heddlu cyn y dynladdiad. Mae gen i a fo enw fel cwpl o *tough nuts*, ond dyna'r ffordd orau i gadw cyffuriau a thrais allan o'r clwb. *Reputation.* Dydyn ni ddim yn deulu treisgar. Mae gen i drwydded focsio a thrwydded landlord. Ti ddim yn cael y rheini os wyt ti'n torri'r gyfraith. Tydi Tony ddim yn fygythiol o gwbl. Pan wnei di ei gyfarfod o gei di weld ...'

'Ti'n meddwl fyse Tony isio 'nghyfarfod i rywbryd?'

'Mae o wedi bod isio gwneud hynny ers i ti gael dy eni,'

cyfaddefa Shane. 'Dwi'n gwybod y byddai o wrth ei fodd yn cael siarad efo ti, os wyt ti'n hapus i fynd i'w weld o.' Mae o'n taro golwg ar y calendr bach ar ei ddesg. 'Dwi'n mynd i'r carchar mewn pythefnos.' Mae o'n tynnu cerdyn busnes allan o'i waled. 'Dyma fy rhif ffôn i. Cymera chydig bach o amser i adael i bethau setlo yn dy feddwl, ac os wyt ti am ddod i gyfarfod dy dad, mae croeso i ti ddod efo fi. Ond siarada efo dy fam gyntaf – croeso iddi hi ddod hefyd, os oes ganddi hi'r gyts i'w wynebu o.' Dwi'n edrych ar Shane ac yn sylweddoli, am y tro cyntaf, fy mod i'n perthyn i'r *ninja* blin.

'Shane, ti'n wncwl i mi felly, yn dwyt? A Gina ydi fy modryb?' Mae o'n nodio'i ben.

'A tithau'n nith i ni. O'n i'n gwybod y tro cynta i ti gerdded i'r clwb dy fod ti'n un ohonon ni. Ti'n edrych fel Calvi ... heblaw am y croen golau.' Mae o'n estyn ei ffôn o'i boced ac yn sgrolio drwy ei luniau, yna mae o'n dal y ffôn allan i mi gael gweld.

Hen lun du a gwyn mae o'n ei ddangos i mi, o ddynes yn ei hugeiniau. Mae hi'n syllu i'r chwith o'r camera, a golwg syn ar ei hwyneb. Mae ei gwallt wedi'i glymu ar dop ei phen, mae hi'n gwisgo ffrog efo coler uchel arni – ac mae hi'n edrych yn union 'run fath â fi. Neu, i fod yn fanwl gywir, dwi'n edrych yn union 'run fath â hi. Mae o fel petawn i wedi mynd i un o'r bŵths ar y pier yn Llandudno lle rwyt ti'n cael gwisgo dillad hen ffasiwn er mwyn cael tynnu llun du a gwyn.

'Dyna Nonna Lisi,' meddai Shane. 'Fy nain i, a dy hen nain di. Cymraes oedd hi, o Lanelli'n wreiddiol. Rwyt ti'r un sbit â hi.' Dwi'n gofyn i Shane yrru'r llun i mi drwy WhatsApp, ond mae o'n gwrthod.

'Beth petai dy rieni'n sbio ar dy ffôn di? Paid â chadw fy rhif i arno, paid â chadw negeseuon gen i, na dim byd felly. Dim tra mae dy fam am gadw ei chyfrinach, beth bynnag. Bydda'n ofalus sut wyt ti'n troedio. Dwi'n gwybod dy fod ti'n desbret i ofyn cwestiynau i dy fam, ond cofia, bydd hyn yn chwalu dy deulu. Unwaith y byddi di'n hŷn ac yn fwy annibynnol mi fydd gen ti'r rhyddid i ddod i nabod Tony yn well. Ond rŵan, dwyt ti ddim isio difetha pethau i dy fam, na dy chwaer. Rhaid i ti geisio anghofio dy deimladau a chadw'r ddysgl yn wastad, er eu lles nhw.'

Cadw'r ddysgl yn wastad. Dwi'n meddwl am eiriau Mam yn gynharach: 'Dydw i ddim cystal gwraig a mam ag y dylwn i fod. Ond mi fedra i wneud ei fywyd o'n haws trwy ei gefnogi o. Cadw'r ddysgl yn wastad.' Yn sydyn, mae ystyr newydd i'w geiriau hi. Ai dyma pam mae hi mor awyddus i gadw Dad yn hapus, tybed?

Mae Shane yn fy nhywys i allan o'r clwb. Mae Medium Jim yn eistedd yn un o'r bŵths, yn darllen cylchgrawn. Edrycha i fyny wrth i Shane fy arwain i drwy'r clwb, ac mae ei wyneb yn f'atgoffa i o gi sydd newydd gnoi slipers ei berchennog. Rhaid ei fod o'n disgwyl ffrac.

'Ti sy'n gyfrifol am hyn i gyd,' meddai Shane, gan wgu arno. 'Ddylwn i roi'r sac i ti a dy geg anferthol.'

'Ond wnei di ddim, bòs, achos ti'n gwybod na chei di neb gwell na fi am luchio pobl allan. Dwi ben a sgwyddau uwchben pob *security guard* arall.'

'Cadw pobl rhag dod i mewn ydi dy broblem di. Sbia pwy wnes i ei dal yn busnesa tu allan!' Mae Shane yn ceisio ymddwyn yn flin, ond wrth iddo gydio yn fy llawes a 'nhynnu fi'n agos ato, mae gwên yn lledaenu dros ei wyneb. 'Mae hi'n gwybod am Tony. Ond paid â dweud gair wrth neb arall, Jim. *Zip it*, iawn?' Mae Jim yn esgus tynnu zip ar draws ei geg, ond wrth i mi gamu drwy'r drws mae o'n gweiddi, 'Hey, *kiddo*, croeso i'r teulu!'

Dwi'n gadael y clwb ac yn dechrau cerdded draw at y Theatr Fach. Tu allan i Neuadd y Dre dwi'n oedi wrth y groesfan, ac wrth i mi sefyll yno dwi'n penderfynu nad oes pwynt mynd i fy ngwers ddrama heno. Mi wn i fod y wers yn un bwysig, a'r unig gyfle ga' i i ymarfer cyn y clyweliadau, ond gwastraff amser fydd ymarfer. Mae fy nghymeriad i yn dawel, yn swil ac ofnus, a heno dwi'n teimlo fel sgrechian nerth fy mhen a lluchio pethau yn erbyn y wal.

Dwi'n codi Sara o dŷ Mrs Jordan. Mae hi'n dechrau swnian am gael aros yno tan naw o'r gloch. Pan mae hi'n gwrthod dod adref dwi'n bygwth ei thaflu hi dros fy ysgwydd a'i chario hi. Rhaid ei bod hi wedi bod yn chwarae efo bag colur Mrs Jordan, achos mae hi'n edrych fel clown sy'n gwneud *make up tutorials* ar Youtube. Mae 'na lipstig ar ei dillad, a rhyw fath o bowdr lliw yn ei gwallt. Dwi'n rhedeg bath iddi, gan lenwi'r twb efo swigod, ond unwaith eto mae hi'n gwrthod gwneud yr hyn dwi'n ei ofyn.

'Na! Isio mynd 'nôl at Mrs Jordan! Isio chwarae efo Kelsey a Charlton! Dim isio bath!'

'Sara, mae gen ti ddau ddewis. Gei di ddringo i'r bath 'na dy hun, neu mi wna i dy gario di i fyny'r grisiau a dy ollwng i'r dŵr ar dy ben. Ond rwyt ti YN mynd i gael bath!' Yn ddoeth iawn, mae hi'n penderfynu mynd i'r bath o'i gwirfodd. Er hyn, mae hi'n dal i 'nghrafangio i a sgrechian fel cath wyllt wrth i mi olchi'r powdr lliw allan o'i gwallt.

'Isio mynd 'nôl at Mrs Jordan! Dim isio mynd i'r gwely! Yn tŷ Mrs Jordan dwi'n cael aros i fyny tan ddeg o'r gloch!'

'Wel, mi fysen i'n licio taset ti'n cael mynd yn ôl at Mrs Jordan hefyd, achos dwi 'di cael hen ddigon arnat ti'n swnian! Nid babi wyt ti, felly stopia ymddwyn fel un!' A dwi'n ei gadael hi'n eistedd ar y llawr yn ei phyjamas, a dagrau'n powlio i lawr ei hwyneb. Ond ar ôl cymryd cwpl o funudau i dawelu fy hun, dwi'n mynd i lawr i'r gegin i nôl ei chwpan o laeth. Dwi'n curo ar ddrws ei stafell wely, ond does dim ateb. Agoraf y drws i weld ei bod hi wedi dringo i'r gwely a thynnu'r cwilt dros ei phen. Dwi'n siŵr ei bod hi'n pwdu, ac mae gen i gywilydd mawr ohonaf fy hun.

Weithiau dwi'n blino ar orfod trefnu fy mywyd o amgylch gofalu am Sara. Dwi'n blino ar orfod bod yn drydydd rhiant iddi. Ond yna, dwi'n cofio sut oedd pethau pan oeddwn i 'run oed â hi – cyn i Mam fynd yn sâl efo'i hiselder, cyn i Dad ddechrau poeni am arian a gweithio pob awr. Oedden, roedden nhw'n ffraeo o bryd i'w gilydd, ond nid mewn ffordd oedd yn cael unrhyw effaith ar fy mhlentyndod. Doedd bywyd ddim yn berffaith, ond roedd 'na brynhawniau ar y traeth, boreau ar stondin Nain yn y farchnad wedi fy amgylchynu gan rubanau a botymau lliwgar, nofio ar brynhawn Sul ac amser stori bob nos cyn i mi fynd i'r gwely. Roedd fy mhlentyndod i yn well o lawer nag un Sara. Tydi hi ddim wedi cael llawer o blentyndod, a dweud y gwir.

'Mae'n ddrwg gen i am weiddi arnat ti, Sara. Dwi 'di cael diwrnod crap, ond ddylwn i ddim fod wedi gwylltio efo ti. Ddrwg gen i.' Yr unig ateb dwi'n ei gael ydi sŵn chwyrnu. Dwi'n codi'r cwilt i'w gweld hi'n cysgu'n drwm, ei breichiau wedi'u lapio o gwmpas ei thedi bêr.

Dwi'n mwytho ei gwallt gwlyb, ac yn sydyn mae'r lwmp yn ôl yn fy ngwddw. Er ei bod hi yma o 'mlaen i, dwi'n teimlo fel taswn i wedi'i cholli hi, rywsut. Os ydi Shane yn gywir, nid chwiorydd yden ni, ond hanner chwiorydd.

Fyddwn i ddim wedi holi Shane oni bai fy mod i am wybod y gwir. Ond wnes i erioed feddwl y byddwn i'n teimlo fel hyn – yn wag, yn oer ac yn unig, fel yr oeddwn i'n teimlo ar ôl claddu Nain. I wneud pethau'n anoddach, teimlaf y gyfrinach, a'r cyfrifoldeb am ei chadw, fel cwlwm haearn yn fy mol. Baich na allaf ei rannu efo neb arall.

Yn dawel bach, dwi'n sleifio drws nesaf i fy stafell wely. Mae gen i focs bach dwi'n ei guddio dan fy ngwely, bocs bach efo clo arno. Dyma fy mocs trysorau, a does neb arall yn gwybod ble dwi'n cadw'r goriad. (Sori, ond tydw i ddim yn mynd i ddweud wrthyt ti chwaith.) Yn y bocs yma dwi'n cadw'r pethau nad ydw i am eu colli: modrwy aur Nain, llythyr caru ges i ym Mlwyddyn saith, medal enillais am gwblhau fy ras 400m gyntaf erioed. Ond yno hefyd mae'r pethau nad ydw i am i neb arall eu ffeindio, gan gynnwys condoms Shane. Dwi'n ychwanegu ei gerdyn busnes at gynnwys y bocs, yna'n ei gloi o a'i guddio eto o dan fy ngwely. Ar ôl i mi guddio'r goriad hefyd dwi'n eistedd ar fy ngwely i edrych ar fy ffôn. Mae pum neges newydd gan Gaz:

Ti'n iawn, waaa?

Haia secsi xxx

Doeddet ti ddim yn yr ymarfer heno. Popeth yn iawn?

Ti yna?

Ti'n anwybyddu v?

Dydyn ni ddim hyd yn oed yn mynd allan efo'n gilydd ac mae o'n mynd yn *clingy*! Dwi'n ateb:

Diwrnod drwg, gawn ni siarad fory?

Mae un neges gan Mam:

Bu farw Mrs Edwards toc ar ôl 5. Dwi am aros efo Mel heno. Rho ganiad os oes angen. Caru ti xxxx

Awgrymodd y ddynes yn siop Gina ei bod hithau wedi mynd at Mel, felly mae 'na siawns y bydd hi a Mam efo'i gilydd am y tro cyntaf ers blynyddoedd. Er y bydden nhw'n brysur yn edrych ar ôl Mel druan, mae rhan hunanol ohona i'n gobeithio y cân nhw gyfle i sgwrsio am Tony unwaith eto, ac efallai y bydd Mam yn fwy parod wedyn i drafod y peth efo fi. Dwi'n tecstio: *Nos da, Mam. Popeth yn iawn gyda Sara a finne.*

Bydd Dad yn y gwaith tan hanner nos, felly mi ga' i lonydd a thawelwch i feddwl am ddigwyddiadau heddiw. Mae cymaint o bethau'n corddi yn fy mhen. Un eiliad dwi'n flin efo Mam, yr eiliad nesaf dwi'n drist, a'r eiliad wedi honno dwi'n flin efo fi fy hun am fynnu cael gwybod y gwir. (**Sut i**

Osgoi Helynt #11: Paid â gofyn cwestiwn heb fod yn siŵr dy fod ti'n barod am yr ateb.)

'Rachel! Rachel!' Dwi'n deffro mewn panig i ganfod Sara yn sefyll wrth ochr fy ngwely fel ysbryd yn ei phyjamas *Cinderella* glas a melyn.

 'Ssssh, cariad. Mae Rachel yma.'

 'Isio Mam.'

 'Mae hi 'di gorfod mynd i dŷ mam Mel, am ei bod hi'n sâl.'

 'Sâl? Be sy'n bod efo hi?' Yn dechnegol, does 'na ddim byd yn bod ar Mrs Edwards rŵan. Mae hi y tu hwnt i boen, fel fyse Mrs George Addysg Gref yn dweud. Ond tydw i ddim isio sôn am farwolaeth. Job Mam fydd honno. Tydw i ddim yn credu yn Nuw, felly tydi'r opsiwn o ddweud bod Mrs Edwards yn eistedd ar gwmwl efo Elvis a'r holl angylion o'i chwmpas ddim ar gael i mi. Dim ond dau beth dwi'n gofio am ymweld â thŷ Mrs Edwards: bod Elvis wastad ar y chwaraewr CD, a bod ganddi chwech o gathod a wnâi i'r lle ddrewi o bi-pi.

 Petawn i'n dweud, 'mae marwolaeth fel mynd i gysgu, ond ti ddim yn deffro'r bore wedyn' mi fyse Sara'n rhy ofnus i gau ei llygaid byth eto. Felly dwi'n mwytho ei thalcen ac yn dweud, 'Dwi'n meddwl bod brech yr ieir arni.'

 'Fues i'n sâl iawn efo brech yr ieir. Ti'n cofio gwneud *join the dots* efo fy smotiau i?'

 'Ydw. Ac mi wnes i ddarllen straeon i ti bob nos nes oeddet ti'n mynd i gysgu.' Dwi'n estyn ei chopi o Harry Potter. 'Fyse pennod o hwn yn help i ti fynd yn ôl i gysgu?' Mae Sara'n swatio dan y cwilt ac yn nodio'i phen.

 'Ie plis. A gwna'r lleisiau!' Mae hi'n gysglyd, ond bob tro

dwi'n gorffen pennod mae hi'n sibrwd, 'Un arall, plis', felly dwi'n darllen pennod arall, ac un arall, ac un arall. Dwi'n hapus i ddal ati efo'r darllen, achos does gen i fawr o awydd gorwedd yn y tawelwch, yn effro drwy'r nos.

11

'B***** m********** b******* h***!' Dwi'n hercian yn effro wrth glywed Dad yn bloeddio fel tarw. Fel arfer, pan fydda i'n ei glywed o'n gweiddi fel hyn, mi fydd gen i ofn dros Mam, ond tydi hi ddim yma. Mae hi wedi aros efo Mel ers iddi golli ei mam, pum diwrnod cyfan oddi cartref. Rhywun neu rywbeth arall sydd wedi gwylltio Dad yn gacwn heddiw.

'Dad? Dad? *What's wrong?*' Dwi'n estyn am fy nghoes a fy hwdi i gadw'n gynnes. Wrth edrych allan drwy'r ffenest gwelaf fod Dad yn sefyll yn yr iard gefn, yn gwisgo dim byd heblaw ei drôns a phâr o Crocs ffug o'r farchnad. Mae ei ddwylo wedi'u cau'n ddyrnau.

'Dad, *what's the matter?*'

'*The shed!*' mae o'n udo. '*The bastards. The absolute bastards.*' Dwi'n edrych ar y sied ac yn gweld y rheswm am y rhuo. Yn y sied mae Dad yn cadw ei feic mynydd, a'r holl offer garddio sydd ei angen arno ar gyfer ei jobsys bach *cash in hand*. Neu, i fod yn fanwl gywir, dyna lle oedd o'n arfer cadw'r offer garddio a'i feic mynydd, gan fod y sied bellach yn wag. Gallaf weld hynny am fod rhywun wedi rhwygo'r drws cyfan i ffwrdd a'i daflu i'r llawr.

'*Don't touch anything. There might be prints. Lucky I'm off work today so at least I can wait in for the cops ...*' Mae o'n rhedeg ei fysedd drwy ei wallt a rhwbio'i dalcen. '*Bloody hell, Rach. We could've done without this, couldn't we? All my tools. My*

bike ... Didn't you hear anything last night?' Dwi'n ysgwyd fy
mhen. Mi dreulies i neithiwr yn gwylio *The Walking Dead*, drwy
fy nghlustffonau fel na fyddai sŵn y sombis yn dychryn Sara.

'*This is an inside job,*' meddai Dad, yn sydyn ac yn
benderfynol. '*Someone knew your mum was away, and they
knew I'd gone down the pub for a few. Thank God they didn't
decide to try the back door ...*' Crynaf wrth ddychmygu Sara a
finne yn y tŷ efo'r lladron. Dwi'n sylwi bod Dad yn crynu
hefyd, ond tydw i ddim yn siŵr ai oerni neu ei dymer sy'n
gyfrifol am hynny. Dim ond ei drôns mae o'n wisgo.

'*Come inside and I'll put the kettle on. Get yourself dressed
and I'll get Sara while you phone the police and the insurance.*'

'*Insurance?*' Mae Dad yn chwerthin yn sarrug. Wrth gwrs,
wnaethon ni roi'r gorau i dalu am yswiriant tua'r un cyfnod ag
yr aeth y car. '*What a bloody birthday this is going to be!*'

Mae Sara'n sefyll yn y gegin, wedi'i lapio yn ei chwilt.

'Be sy'n bod?' gofynna.

'Dim byd mawr. Dos i wisgo, Sara, ac mi wna i frecwast i ni.'

Mae Dad yn eistedd wrth y bwrdd ac yn rhoi ei ben yn ei
ddwylo. Yna, mae o'n gweld ei anrheg ben blwydd a'i gerdyn
ar ganol y bwrdd, lle gadewais i nhw neithiwr. Sara wnaeth y
llun ar flaen ei gerdyn – llun o Dad yn torri'r gwair tu allan i
fwthyn bach neis. Fi sgwennodd y gerdd tu mewn:

Roses are red,
Violets are blue
Weeds don't stand
A chance against you.

Pen blwydd Hapus Dad. X

Mae o'n agor yr anrheg: pâr o fenig garddio newydd sbon. Anrheg eironig a di-werth rŵan nad oes ganddo offer garddio o gwbl.

'*Cheers, Rach*,' meddai, ei lais yn gryg. '*All I can say is thank God they didn't try and break in here.*'

'*Don't scare Sara by talking about people breaking in. You don't want her having more of her nightmares. 'Specially with Mum away.*'

'*Your Mum's coming back today*,' medd yn benderfynol. '*I have every sympathy with Mel, I was fine with your Mum keeping her company for a few days; but she has to realise that she's needed here too. It's not fair to expect you to shoulder the burden of running the house. You've got your exams coming up.*' Dwi'n gosod cwpan o de o'i flaen. Mae'r lwmp yn ôl yn fy ngwddw a'r gyfrinach yn gwlwm haearn yn fy mol.

Wrth i mi wisgo dwi'n ticio diwrnod arall oddi ar fy nghalendr. Llai nag wythnos nes fy mod i'n cael fy nghoes newydd sbon! Ac mae gwir angen un newydd arna i erbyn hyn. Mae cerdded yn boenus, heb sôn am wneud ymarfer corff. Am y tro cyntaf ers blynyddoedd dwi'n methu cymryd rhan mewn gwersi Addysg Gorfforol. Unwaith eto heddiw bydd yn rhaid i mi eistedd ar bentwr o fatiau yn gwylio pawb arall yn gwneud gymnasteg. Hwyl a sbri.

Dwi'n derbyn neges gan Mam. Yn eironig braidd, dwi'n clywed ganddi'n fwy rheolaidd rŵan na phan oedd hi yn y tŷ efo ni.

Bore da. Popeth yn iawn adre? Mel wedi cael cyflenwad o Valium gan y doctor at heddiw. Angladd am 2.30, amlosgfa

am 4, te yn festri'r capel am 5. Fedri di ddod yno i helpu efo'r
gweini? Xxxx

Dwi'n difaru cytuno helpu i wneud paneidiau, am ddau reswm:

a) Mae'r capel ar Clwyd Street, ac mi wn na fydd cerdded
   yr holl ffordd yno yn gwneud dim lles o gwbl i fy
   nghoes.
b) Mae gen i hen ddigon o waith i gadw'r twlc yma'n dwt!

Ond mae Mel wastad wedi bod yn glên efo fi, felly fedra i
ddim gwrthod. Dwi'n brysio'n ôl i lawr y grisiau yn fy ngwisg
ysgol. Wel, dwi'n mynd mor gyflym ag y medra i gydag un
goes giami.

'Sara, dos i wisgo. Brysia, neu mi fyddwn ni'n hwyr!' Mae
Sara yn llyncu gweddill ei Choco Pops ac yn rhedeg i fyny'r
grisiau.

'*Leg still giving you trouble?*' gofynna Dad wrth i mi hercian
at y cownter i wneud ein brechdanau.

'*Killing me. Think I'm gonna have to take my crutches to
school.*'

Mae o'n estyn i'w boced (erbyn hyn mae o'n gwisgo dillad
dros ei drôns) ac yn tynnu papur pumpunt allan o'i waled.

'*Don't be walking home from the chapel and making it worse.
Phone a taxi.*' Dwi'n plygu i lawr ac yn rhoi sws sydyn ar ei
dalcen.

'*Thanks, Daddyo.*' Mae o'n ochneidio'n ddwfn.

'*Last year I would have been able to run you to school myself.
Now I haven't even got a pissing lawnmower to my name.*'

Am ddeng munud wedi pedwar dwi'n sefyll tu allan i'r capel Cymraeg, yn cnocio ar y drws.

'*This is a private function*,' meddai'r hen wreigan sy'n ei ateb, gan fy llygadu'n ddrwgdybus.

'Dwi yma i helpu i weini'r te.'

'O, iawn 'ta.' Mae hi'n pwyntio bys at bentwr o gadeiriau. 'Ti'n ifanc ac yn gry', a dwi newydd gael clun newydd. Gei di symud y cadeiriau. Pedair rownd pob bwrdd. A phaid â'u llusgo nhw a gadael marciau ar y llawr.' Petai hi a'i ffrindiau yn iau mi fysen i wedi dangos fy nghoes iddyn nhw a gofyn am gael gwneud rhywbeth heblaw am osod cadeiriau. Ond mae'r tair hen wreigan sy'n paratoi'r bwyd yn eu hwythdegau neu'u nawdegau. Mae un yn defnyddio ffon ac un arall yn cydio mewn fffâm gerdded. Hyd yn oed efo coes wael, mi wn i fy mod i'n gryfach ac yn gyflymach na nhw, felly dwi'n brathu fy ngwefus, ceisio anwybyddu'r poen ac yn dechrau gosod y cadeiriau wrth y byrddau.

Maen nhw'n disgwyl dros gant o bobl i de'r angladd. Ar hyd un wal o'r festri mae byrddau wedi'u pentyrru â chacennau a brechdanau. Erbyn i mi osod digon o gadeiriau i bawb dwi isio crio. Wyt ti'n gwybod sut deimlad ydi gwisgo sgidiau sy'n rhwbio dy sawdl nes bod y croen yn gwaedu? Rŵan, dychmyga'r poen yna'n mynd o dop dy ben-glin reit i lawr at waelod dy goes. Uffern. Dwi'n llowcio llond llaw o baracetamol, ond yna mae'r galarwyr yn cyrraedd y festri ac o fewn munudau mae'r lle dan ei sang. Mae tawelwch yn disgyn dros y lle wrth i Mel gamu drwy'r drws. Mam a Gina sydd y naill ochr iddi, ac mi wela i mai nhw sy'n gyfrifol am ei chadw hi ar ei thraed. Mae ei hwyneb yr un lliw â'r llaeth sgim yn y jwg o 'mlaen i, a'i llygaid yn syllu heb weld dim.

Mae Shane yn camu i'r stafell yn syth ar ôl y merched. Am unwaith tydi ei wisg ddu ddim yn edrych yn anaddas. Mae o'n brysio i nôl cadair i Mel gael eistedd. Mam sy'n codi'r paneidiau, ac mae hi'n gwenu'n dyner arna i.

'Diolch i ti, cariad. Dwi'n gwybod bod Mel yn gwerthfawrogi dy help di.'

'Aeth y gwasanaeth yn iawn?' Mae fy llais yn swnio'n od – yn ffurfiol fel petawn i'n siarad efo person dieithr.

'Do, yn dda iawn ... Sut wyt ti?'

'Yn berffaith iawn.' Heblaw bod gen i fam dwyllodrus, lwfr ac anonest. (Do, mi wnes i chwilio am *spineless*, *dishonest* a *deceitful* yn y geiriadur!)

'Ti'n edrych fel taset ti 'di blino,' sylwa, yn dal i wenu. Mae hi'n mynd i gyffwrdd fy wyneb, ond dwi'n camu'n ôl cyn iddi fwytho fy moch.

'Awn ni â'r paneidiau cyn iddyn nhw oeri,' atebaf yn gyflym, cyn iddi sylweddoli fod 'na rywbeth o'i le. Dwi'n cario dwy gwpan draw, gan adael i Mam ddod â'r ddwy arall. Dwi'n rhoi un o'r cwpanau o flaen Mel. Mae hi'n codi ei llygaid i gwrdd â fy rhai i. Llygaid plentyn bach ar goll ydyn nhw. Dwi'n rhag-weld ffrae rhwng Mam a Dad heno, achos tydi Mel ddim yn edrych yn ffit i gael ei gadael ar ei phen ei hun. Dwi'n rhoi'r baned arall i Gina.

'Diolch i ti, cyw.' Mae hi'n gwenu'n slei arna i. Gwên o groeso ydi hi: croeso i'r teulu.

Erbyn hyn mae fy nghoes wedi gwaethygu i'r pwynt lle mae dim ond sefyll yn brifo fel dwn i'm be.

'Mae'n ddrwg iawn gen i am dy golled,' llwyddaf i ddweud

yn gyflym wrth Mel, ac yna dwi'n troi ac yn hercian i gyfeiriad y toiledau. Yn y ciwbicl dwi'n brathu i lawr ar fy migyrnau, gan ynganu rhai o reg-eiriau Dad. (Ond yn amlwg dwi'n eu sibrwd yn hytrach na'u bloeddio, gan fy mod i mewn festri capel.) 'B***** m*********** b******* h***!'

Ar adegau fel hyn mae'n anodd peidio â theimlo trueni drosta i fy hun. Tydi pobl efo dwy goes ddim yn sylweddoli pa mor lwcus ydyn nhw. Edrychaf i lawr ar y bwlch rhwng gwaelod y drws a'r llawr, a gwelaf ddwy droed yn sefyll y tu allan i'r ciwbicl – dwy droed mewn pâr o sodlau uchel. Agoraf y drws i weld fy modryb yn sefyll yno. Am deimlad od ydi meddwl amdani fel modryb.

'Ydi dy goes di'n brifo, cyw?' gofynna Gina. Mae hi'n agor y drws rhyw fymryn ac yn galw ar ei brawd. 'Dos â hi adre, Shane. Ddyle Rachel ddim aros ar ei thraed ddim hirach. Arhosa i yma efo Mel.' Mae Shane yn cynnig ei fraich i mi fel bonheddwr. Dwi'n estyn am fy maglau ac yn troi am y drws.

'Rachel!' Dwi'n troi i weld Mam yn sefyll yn nrws y cyntedd, yn edrych fel petai hi newydd weld ysbryd.

'Mae hi'n gwybod, Lois,' medd Shane yn dawel. 'Mae hi'n gwybod popeth am Tony.' Mae llaw Mam yn fflio at ei cheg i fygu sgrech, a'i chorff cyfan yn cwympo yn erbyn ffrâm y drws.

'Sut ... pryd ... Sut wnest ti ...?' Mae hi'n gegrwth ac yn brwydro am aer, fel pysgodyn aur oedd newydd neidio o'i bowlen.

'Ers wythnos, ond paid â phoeni. Dwi ddim yn bwriadu dweud wrth Dad,' dwi'n ei hateb. Y peth olaf dwi angen heddiw ydi Mam yn cael sterics.

'Nid dyma'r lle na'r amser i drafod hyn,' medd Shane yn benderfynol. 'Lois, dos yn ôl at Mel. Mae hi dy angen di.' Ond ei heglu hi at y toiledau mae Mam, a gallaf ei chlywed hi'n cyfogi.

'Sioc,' eglura Gina'n dawel. 'Gad hi efo fi, Rachel. Fydd hi'n iawn. Dos rŵan, mae 'na bobl yn ein gwylio ni.'

Wrth i mi stwffio fy maglau i gefn Ford Mustang Shane gallaf deimlo fy ffôn yn crynu yn fy mhoced. Neges destun. Dwi'n sbio ar y neges rhag ofn mai Dad sy'n trio cysylltu, ond gan Gareth ddaw'r neges, ac mae tair arall ganddo yn ogystal:

Barod at heno?

Isio cyfarfod hanner awr cyn yr audition i ni gael ymarfer y sgript?

Rach? Seriously, ti'n neud fi'n nerfus ...

TI WEDI ANGHOFIO AM YR AUDITIONS HENO? TI A FI I FOD AR Y LLWYFAN MEWN CHWARTER AWR!

Dwi'n rhegi dan fy ngwynt. Heno mae'r clyweliadau! Wna i byth, byth gyrraedd ar amser a bydd Gareth wedi'i siomi'n arw. Ac mi fydda i'n colli'r cyfle i fod yn rhan o'r prosiect ...

'Be sy?' gofynna Shane. Yn gyflym ac yn gryno dwi'n egluro'r sefyllfa iddo.

'Ble mae'r clyweliad?'

'Y Scala ym Mhrestatyn.'

'*Fasten your seatbelt* ...' Mae Shane yn tanio injan ei gar.

Dwi'n cydio yn handlen y drws ac yn trio fy ngorau i beidio â gwichian wrth iddo yrru allan o faes parcio'r capel.

Wrth i ni adael y Rhyl dwi'n ceisio twtio fy hun yn y drych. Dwi'n ffodus 'mod i'n mynd am rôl y 'dioddefwr benywaidd' heno, achos #sleepingbeautyiamnot! Mewn llai na deng munud rydyn ni yng nghanol tref Prestatyn. Mae'r Stryd Fawr yn orlawn o geir – rhaid bod tipyn o bobl yn ceisio am rôl yn y prosiect. Mae Shane yn stopio yn y lle parcio anabl tu allan i ddrws ffrynt y Scala ac yn neidio allan o'r car i nôl fy maglau o'r bŵt. Yna mae o'n tynnu ei siaced ledr a'i chynnig i mi.

'Gwisga hon ac mi fyddi di'n edrych fymryn yn llai fel rhywun wnaeth anghofio'r clyweliad,' eglura. 'Fydda i'n disgwyl amdanat ti rywle rownd fanna.' Tra dwi'n gwisgo'r siaced ac yn ffitio fy mreichiau trwy'r baglau mae rhywun diamynedd yn canu corn car. Wrth i mi gerdded trwy ddrysau'r sinema dwi'n clywed llais benywaidd yn galw, *'Hurry and move your bloody monster truck! My daughter has an important audition!'* Taflaf gipolwg dros fy ysgwydd. Dwi ddim yn synnu mai mam Eira sy'n gweiddi arno. Mae Shane yn sefyll wrth ymyl ei gar, ei freichiau wedi'u plethu. Yn amlwg, dydi o ddim ar frys i roi ei le parcio iddi hi.

Dwi (jest) mewn pryd i'r clyweliad. Mae Gareth yn carlamu i lawr y grisiau.

'Rach! Ble ti 'di bod? Ydi dy goes di'n iawn?'

'Angladd. Nac'di. Mae hi'n brifo fel ff-'

'Gareth, Rachel? Maen nhw'n barod amdanoch chi!' Mae Dave yn sefyll ar y balconi efo swp o bapurau yn ei law. Dwi'n cymryd anadl ddofn ac yn edrych ar Gareth.

'Nerfus?' gofynna.

'Barod i chwydu.'

'Defnyddia'r *nervous energy!* Fyddwn ni'n grêt, paid â phoeni dim ...' Ond wrth i mi gamu ar y llwyfan dwi'n sylweddoli fy mod i wedi llwyr anghofio'r sgript. Nid nerfau sydd ar fai, ond diffyg paratoi. (**Sut i Osgoi Helynt #12: Cofia** – *fail to prepare, prepare to fail!*)

Mae'r awditoriwm yn dywyll a fedra i ddim gweld y gynulleidfa o gwbl. Efallai fod hynny'n beth da, dan yr amgylchiadau. Mae un sbotlamp wen yng nghanol y llwyfan, ac yn y canol mae bwrdd a dwy gadair. Dwi'n gosod fy maglau i bwyso yn erbyn ochr y bwrdd, ac yna'n troi i wynebu'r gynulleidfa ac yn galw, '*They aren't props. I hurt my leg.*'

'*No problem ...*' galwa rhywun o'r dduwch. '*Rachel Ross and Gareth Edwards, lead roles. When you're ready ...*'

Rydyn ni'n actio golygfa dros y bwrdd bwyd. Mae'r sgript yn dechrau efo Gareth yn swnian ynglŷn â pha mor wael ydi fy nghoginio. Mae'r sgwrs yn dirywio'n ffrae yn gyflym, gyda'r gŵr yn dechrau rhestru'r holl bethau negyddol am ei wraig – pa mor ddiog, hyll a phathetig ydi hi, a sut y bydde hi'n byw ar y strydoedd heblaw ei fod o'n edrych ar ei hôl hi. Mae Gareth yn iawn, mae'r sgwennu'n wael. '*Laying it on with a trowel*' fyddai Dad yn ddweud, ond o leiaf mae'n cynnig cyfle i ni ddangos sbectrwm eang o emosiynau. A heno mae Gareth am baentio efo holl liwiau'r enfys.

Tydw i ddim yn adnabod y boi o 'mlaen i. Nid Gareth ydi hwn. Mae o'n swnio ac yn edrych fel dieithryn. Y tro cyntaf iddo godi ei lais dwi'n neidio allan o fy nghroen mewn braw. Yn ei dymer mae o'n cydio yn fy maglau ac yn eu lluchio nhw ar draws y llwyfan. Dwi'n teimlo panig tu ôl i fy asennau, fy nghalon fel caneri yn ceisio dianc o'i gaets. Sut ydw i am godi a cherdded, fel sydd yn y sgript?

'Ti'n anobeithiol!' bloeddia. 'Fi 'di'r unig beth sy'n dy gadw di oddi ar y strydoedd! Ac ar y strydoedd fyset ti, achos fyse neb arall yn edrych eilwaith arnat ti! Pwy sydd isio *freak* hyll, anorecsig fel ti yn gariad?' Tydi o ddim i wybod bod y gair *freak* yn dwyn geiriau cas Eira i gof, ac am eiliad dwi'n eu teimlo nhw fel pigiad gan gacynen. 'Ti'n lwcus i 'nghael i, achos fel arall ar y domen sbwriel fyset ti, fel tegan wedi torri!' (Ddeudes i fod y sgript yn sâl, do?) 'Petaet ti'n marw fyse neb yn dy fethu di, neb yn dy golli di o gwbl!' Wnes i ddim sylwi ar y frawddeg hon wrth ymarfer, ond rŵan mae hi'n fy nharo fel ergyd. Yn hytrach na geiriau Gareth, dwi'n clywed rhai Dad: *Useless, fat bitch. Lazy slob. Perhaps I should just walk out. You'd lose weight then, wouldn't you? You'd starve. The girls would be better off without you anyway. You're an unfit, useless mother* ... Alla i ddim anadlu'n iawn, dwi'n methu meddwl, methu gwneud dim. Mae Gareth yn oedi, ei wynt yn ei ddwrn, a gwelaf fflach o'r Gareth go iawn yn ei lygaid, fel pelydr o oleudy yn torri drwy'r tywyllwch. Bydd hyn drosodd yn fuan, ac mi ga' i ddianc i rywle tawel. Ond yn gyntaf, mae'n rhaid i mi adrodd y ddeialog. Rhaid i mi siarad. Dwi'n cau fy llygaid ac yn chwilio am y geiriau, yn ceisio gweld y sgript o 'mlaen i. Rhaid bod Gareth yn gweld fy mod i ar goll, oherwydd mae'n dechrau siarad eto er mwyn llenwi'r tawelwch.

'Be, 'sgen ti ddim byd i'w ddweud am unwaith? Ti'n ddigon cegog fel arfer! Ateba fi!' Mae o'n cydio yn nhop fy mreichiau. Teimlaf fel doli glwt yn ei ddwylo cryf. Mae o'n fy ysgwyd i geisio pryfocio ymateb o ryw fath gen i. Dwi'n gwybod mai actio ydyn ni, ond dwi wir ei ofn. Mae ei anadl yn gynnes ar fy wyneb ac yn blasu'n sur. 'Be sy'n bod efo ti? Ateba fi!' Ond fedra i mo'i ateb, achos fedra i ddim cofio'r hyn sy'n dod nesaf.

Ydw. Ydw, dwi'n gwybod yn iawn beth sy'n dod nesaf. Mae waliau'r tŷ fel papur. Cwpanau'n ffrwydro ar y llawr, platiau yn malu. Dodrefn yn cael eu taflu. Y crio distaw, am fod crio'n uchel yn ei wylltio fo. Tawelwch y bwrdd brecwast y bore wedyn. Y blodau fel ymddiheuriad fydd yn aros yn y stafell ffrynt nes eu bod nhw'n drewi o bydredd ... Ac mi wn i beth sy'n rhaid i mi ei ddweud i osgoi hyn.

'Plis ... plis paid,' dwi'n mewian. 'Plis, mi wna i unrhyw beth, unrhyw beth ti isio, jest paid â ... Dwi'n sori, dwi'n sori ...' Does gen i ddim clem pam dwi'n ymddiheuro, ond dwi'n ymddiheuro gan obeithio ei dawelu, fel mae Mam yn ei wneud i Dad. Jest gad iddo stopio, a wnawn ni ein gorau i wneud yn siŵr na fydd o'n gwylltio eto. Sgrwbio te oddi ar y papur wal. Paid â deffro'r cawr cysglyd. Cadw'r ddysgl yn wastad. Os fyddwn ni'n ferched da, efallai na wnaiff o golli ei dymer eto.

'Ti'n mynd i fod yn wraig dda o hyn allan?' Dwi'n cau fy llygaid ac yn nodio fy mhen.

'Ydw. Mi wna i rywbeth i dy gadw di'n hapus ...' Mae o'n rhoi cusan oer ar fy nhalcen ac yn gadael y llwyfan. Dwi'n cydio yn ymylon y bwrdd, gan eu gwasgu nhw nes bod cledrau fy nwylo'n brifo. Unwaith dwi'n sicr bod Gareth wedi gadael, dwi'n sychu fy nhalcen efo fy llawes, er mwyn cael gwared â'r gusan. Ddylwn i ei ddilyn o oddi ar y llwyfan, ond mae'r baglau'n gorwedd ar y llawr. Alla i ddim symud heb ei gymorth o. Mae'r dagrau yn powlio i lawr fy wyneb.

Yna, o'r düwch, daw sŵn clapio. Nid curo dwylo cwrtais ond curo dwylo brwdfrydig. Mae Gareth yn camu'n ôl ar y llwyfan ac yn codi'r baglau, eu hestyn i mi, ac yna'n moesymgrymu.

Unwaith rydyn ni'n cuddio y tu ôl i'r llenni mae Gareth yn sibrwd, 'Rach, oeddet ti'n anhygoel! Wnaethon ni ddim dilyn y sgript yn union, ond roedden ni'n ddigon agos.' Mae o'n agor ei freichiau am gwtsh, ac o bosib am gusan, ond yna mae o'n gweld yr olwg ar fy wyneb. 'Wyt ti'n ocê?'

'Rho eiliad i mi.' Dwi'n ysu i guddio yn y toiledau a cheisio dod at fy nghoed, ond mae cymaint o bobl yn fy llongyfarch i, pobl yn gofyn i ba ysgol ddrama dwi'n mynd, a oes gen i gynlluniau i fod yn actores broffesiynol? Alla i ddim dianc rhagddyn nhw. Dwi isio ffoi, cloi fy hun mewn stafell, cau fy llygaid a stopio pob dim ... Yna, teimlaf law ar fy mraich. Dwi'n troi ac yn gweld wyneb caredig Nadine yn gwenu'n dyner arna i.

'Ti'n edrych fel taset ti angen hoe fach,' meddai, gan fy arwain i un o'r stafelloedd newid tu ôl i'r llwyfan. Mae'r lle'n wag. Yr unig beth fedra i glywed ydi hymian y goleuadau uwchben. Mae Nadine yn estyn cadair i mi, a dwi'n ddiolchgar am gael tynnu'r pwysau oddi ar fy nghoes.

'Maddeua i mi os ydw i'n busnesa,' medd hi'n ofalus, 'ond mi ges i'r teimlad fod dy berfformiad yn dod ... dod o brofiad o ryw fath.' Dwi'n syllu ar y llawr. Rhaid i mi gadw'r ddysgl yn wastad. 'Does dim rhaid i ti siarad am ddim byd, heblaw dy fod ti'n gyfforddus yn gwneud hynny, ond Rachel, dwi am i ti wybod, os wyt ti'n teimlo'r angen i siarad ar unrhyw adeg, neu os oes angen cymorth arnat ti, mae 'na bobl yn barod i wrando.' Mae hi'n estyn am ei bag llaw, ac yn gosod pamffled ar y bwrdd ymbincio wrth fy ochr. Gallaf weld y geiriau 'Welsh Woman's Aid / Cymorth i Ferched Cymru' arno. Mae hi'n tynnu beiro allan o'i bag anferth ac yn sgwennu rhif ffôn ar gornel y papur. 'Dyna fy rhif i. Unrhyw amser, ddydd neu nos, coda'r ffôn.'

Cnoc ysgafn ar y drws. Yn frysiog, dwi'n sychu fy nagrau ac yn galw, 'Ty'd i mewn!' Mae Gareth yn dod i'r stafell efo cwpan blastig yn ei law.

'Siocled poeth i ti.'

'Diolch, Gareth.' Codaf y bamffled a'i stwffio i boced siaced ledr Shane. 'Diolch, Nadine.' Mae hi'n cyffwrdd fy llaw yn ysgafn ac yna'n ein gadael ni. Eistedda Gareth yn ei sedd wag.

'Wnes i ddim dy frifo di?' gofynna'n bryderus. Dwi'n ysgwyd fy mhen. 'Oeddet ti'n anhygoel, Rach. Oeddet ti mor fynegiannol doedd dim ots dy fod di wedi anghofio darnau o'r sgript. 'Ddwedest ti'r stori jest efo dy wyneb. Roeddet ti'n crynu fel deilen. Mor realistig. Gwefreiddiol.' Does gen i ddim clem beth ydi ystyr mynegiannol na gwefreiddiol, ond dwi'n cymryd mai geiriau o ganmoliaeth ydyn nhw. Dwi'n ffugio gwên.

'Oeddet ti'n haeddu BAFTA dy hun. Prin o'n i'n dy nabod di, Mr Edwards.'

Ar ôl i mi dawelu mae Gareth yn awgrymu ein bod ni'n mynd yn ôl i'r awditoriwm i wylio gweddill y clyweliadau, ond mae criw o bron i hanner cant yn darllen ar gyfer y rhannau

Saesneg, a fedra i ddim gadael Shane yn eistedd yn ei gar drwy'r nos.

'Dwyt ti ddim am aros i weld os gawn ni'r rhannau?' gofynna Gareth yn anghrediniol.

'Sori, ond rhaid i mi fynd. Wnei di decstio fi pan gei di wybod?'

'Wrth gwrs. Dwi'n gobeithio y cawn ni'n dau y prif rannau. Mi fyse'n *ace* cael actio efo'n gilydd.' Tydw i ddim yn siŵr am hynny, a dweud y gwir. Hoffen i ddim treulio gormod o amser yn nghwmni'r Gareth wnes i gyfarfod heno.

Dwi'n gorffen fy siocled poeth ac yn mynd allan i'r stryd. Mae o'n plygu ei ben ac yn rhoi sws swil i mi ar fy moch.

'Sut ti'n mynd adre?' gofynna.

'Efo fi.' Rydyn ni'n troi ac yn gweld Shane yn pwyso yn erbyn y wal. Mae Gareth yn gegrwth, fel plentyn bach sydd newydd ddeffro ar fore'r Dolig i ffeindio Siôn Corn yn gosod anrhegion ar waelod ei wely.

'Rachel, ddwedest ti ddim dy fod ti'n nabod Shane Calvi.'

'Shane, dyma Gareth. Gareth, dyma Shane fy e– ... ffrind fy mam.'

Mae Gareth yn cynnig llaw, ond yn hytrach na'i hysgwyd, mae Shane yn gwasgu ei fysedd yn galed ac yn sibrwd, 'Dwi 'di rhoi'r gorau i focsio erbyn hyn, ond os wyt ti'n ypsetio Rachel, yn ei brifo hi neu'n ei gadael hi yng nghanol y dre ar ei phen ei hun unwaith eto ...' Tydi o ddim yn manylu mwy. Tydi o ddim yn syniad da i focsiwr fygwth pobl. Ond does dim rhaid iddo fanylu, achos mae tôn ei lais yn dweud y cwbl. 'C'mon Rachel, bydd dy fam yn disgwyl amdanat ti.'

Tydi hi ddim. Mae'r tŷ yn dywyll, heblaw am y golau glas sy'n dod o'r teledu yn y stafell ffrynt. Mae Dad yn chwyrnu yn y gadair freichiau, a chaniau cwrw gwag wrth ei draed. Dwi'n llwyddo i gyrraedd top y grisiau heb ei ddeffro drwy adael fy maglau yn y gwaelod a chropian ar fy mhedwar. Dwi ddim yn arbennig o urddasol, ond bod yn dawel yw'r peth pwysicaf.

'Rachel?' Bu bron i mi neidio wrth weld y ffigwr bach mewn gwyn o 'mlaen i. Sara, yn edrych fel ysbryd. Yn sydyn mae hi'n gafael am fy nghoesau ac yn cwtsio'n galed, galed. Hoffwn petawn i'n gallu ei chodi yn fy mreichiau, ond byddai ei phwysau'n ormod i fy nghoes. Y cwbl alla i ei wneud ydi ei chwtsio hi'n ôl.

'Gafodd Mam a Dad ffrae,' sibryda. 'Wnaeth Mam redeg i ffwrdd.'

'Fydd hi'n ôl bore fory. A dwi yma rŵan.' Dwi'n mynd â hi i'r gwely, ond yna dwi'n oedi ac yn teimlo'r fatres. Mae hi'n wlyb domen. Mae Sara wedi gwlychu'r gwely.

'Ti isio cysgu efo fi heno?' Dwi'n estyn dillad sych iddi, rhoi tywel sych ar fy ngwely i ac yn ei swatio hi'n gynnes o dan y cwrlid, cyn tynnu fy nghoes a dringo i'r gwely wrth ei hochr.

'Dwi'n sori, Rachel,' medd mewn llais mor drist mae'n torri fy nghalon.

'Paid ti â phoeni. Sortiwn ni bopeth yn y bore. Fydd popeth yn well yn y bore.' Tydw i ddim yn credu fy ngeiriau fy hun.

12

Mam sy'n ein deffro ni. Cyn i mi fedru agor fy ngheg, mae hi'n rhoi ei bys at ei gwefus fel arwydd i ni aros yn dawel.

'Mae'ch tad i lawr y grisiau efo tipyn o Benmaenmawr,' sibryda. 'Sara, gwisga di ac mi a' i â ti yn syth i'r ysgol. Rachel, rhaid i ni ffonio'r ysbyty a chael apwyntiad brys i sortio dy goes.'

Rydyn ni'n gwisgo mewn tawelwch. Rhaid i mi lithro i lawr y grisiau ar fy mhen ôl yn hytrach na defnyddio fy maglau a mentro deffro Dad. Rydyn ni'n gadael y Cawr Cysglyd yn chwyrnu yn ei gadair.

Tra mae Mam yn mynd â Sara at y bws ysgol dwi'n eistedd ar y wal ffrynt efo fy maglau wrth fy ochr, yn mwynhau gwres yr haul ar fy wyneb. Dwi'n ffonio'r ysbyty ac yn egluro na fedra i wisgo fy nghoes o gwbl. Rhaid i mi ei chario hi mewn sach deithio ar fy nghefn. Maen nhw'n gofyn i mi ddod draw bnawn heddiw ar gyfer apwyntiad brys – bydd Lorna wedi gorffen fy nghoes newydd erbyn amser cinio. Dwi'n diolch iddyn nhw, ac wrth orffen yr alwad gwelaf 'mod i wedi derbyn neges destun gan Gareth:

Newyddion da ☺ *Ges i'r prif ddarn!*
Newyddion drwg ☹ *Chest ti ddim. Sori.*

O, wel. Dwi'n danfon emoji ☹ yn ôl ato. Does dim byd arall

i'w ddweud. Dyna be sy'n digwydd os wyt ti'n treulio dy holl amser yn snogio yn lle ymarfer a dysgu'r sgript. Beth bynnag, tydw i ddim yn siŵr fy mod i awydd cael Gareth yn gweiddi arna i o flaen cannoedd o blant ysgol. Mi fysen i'n *nervous wreck* ar ôl un sioe. Ond yna, dwi'n derbyn neges arall ganddo:

GOTCHA! ☺ *Maen nhw am i ti chwarae rhan y ffrind gorau.* ☺ ☺ ☺ *!!! Ddwedodd Nadine y byse'r 'feisty, feminist best friend' yn dy siwtio di i'r dim. Dim ond un olygfa, ond ti sy'n sôn am Women's Aid ac yn rhoi hwb i'r brif ferch i bacio'i bagiau. Ti sy'n achub y dydd! Rôl allweddol! Congrats gwresog xxx*

Waw. *Feisty feminist best friend.* Dwi'n licio'r syniad o chwarae'r un sy'n cael achub y dydd.

Yna, gwelaf Mam yn cerdded i lawr y stryd a dwi'n cadw fy ffôn yn fy mhoced. Ddweda i wrthi am fy rhan yn y ddrama rywbryd eto. Dim ond un peth dwi am ei drafod efo hi, a chaiff hi ddim dianc heddiw. O'r olwg ofidus sydd ar ei hwyneb, mae hi'n deall hynny'n barod. Heddiw ydi Dydd y Farn.

'Gest ti apwyntiad?'

'Rhaid i ni gyrraedd yno erbyn hanner dydd.'

'Felly beth am i ni fynd i'r caffi lawr y lôn i gael brecwast yn gynta?'

Dwi'n estyn am fy maglau. Bydd yn cymryd awr go lew i mi hercian i'r orsaf drenau, ond o leiaf mi gawn ni gyfle i siarad. O'r diwedd.

Dwi'n archebu paned a *full English*, gan nad oes opsiwn i gael *full Welsh*. Dim ond coffi du mae Mam eisiau. Mae eiliad o dawelwch ar ôl i ni roi ein harcheb, wrth i'r ddwy ohonon ni geisio meddwl sut i gychwyn y sgwrs.

'Felly Tony Calvi ydi 'nhad i?'

Fel ymateb, mae Mam yn rhoi ei phen yn ei dwylo ac yn dechrau crio'n uchel. *Typical* Mam. Heb air, mae'r ddynes y tu ôl i'r cownter yn dod â phentwr o napcynau papur draw ac yn eu gosod ar gornel y bwrdd. Mae Mam yn defnyddio llond llaw i sychu ei llygaid.

'Dwi'n sori, Rachel, mor sori dy fod di wedi ffeindio allan fel hyn. Ro'n i'n gwybod y byse'r diwrnod hwn yn cyrraedd ar ryw bwynt, ond feddylies i, efo Tony yn y carchar, fod gen i gwpl o flynyddoedd eto ...'

'Sut ddechreuodd pethau?' gofynnaf yn ddiamynedd.

'Tony oedd fy nghariad cynta. *Childhood sweethearts*, nes iddo fo fynd i'r brifysgol yn Lloegr. Mi benderfynon ni y byddai'n haws gorffen pethau. Er 'mod i'n ei garu o, do'n i ddim yn ddigon clyfar i fynd i'r coleg fel fo. Doedd dim pwynt bod yn gariad i rywun fysen i ond yn ei weld unwaith y tymor. Felly ges i job yn y dre, a chyfarfod dy da⁻ ... Jason. Feddylies i 'mod i'n ei garu o, ond ei fod yn gariad gwahanol i'r hyn ro'n i wedi'i deimlo efo Tony. Ond twyllo fy hun o'n i. Dwi'n meddwl rŵan 'mod i wedi setlo'n rhy gynnar, ond ar y pryd roedd o'n teimlo fel y peth iawn i wneud. Roedd Jason yn hŷn na fi ac yn barod i briodi, a doedd o ddim yn hawdd dweud 'na' wrtho ar ôl i ni fod yn mynd allan efo'n gilydd am bedair blynedd ...'

'Ti'n difaru ei briodi o?'

Mae hi'n dechrau brathu ei hewinedd. 'Doedd o ddim yn rhamantus, ond roedd pethau'n iawn i gychwyn. Ddim yn dda nac yn ddrwg.' Mae hi'n oedi ac yn gwagio'i chwpan. Dwi'n sylweddoli bod ei llaw yn crynu wrth iddi osod y gwpan yn ôl ar y bwrdd. 'Ro'n i'n fodlon. Ond yna ddaeth Tony adre gyda'r bwriad o agor clwb nos yn y dre. Ro'n i wedi bod yn gweithio fel *barmaid* ers blynyddoedd, felly es i draw am gyfweliad swydd. Creda fi, Rachel, do'n i ddim yn bwriadu cychwyn dim byd. Jest isio gweld hen ffrind o'n i ...' Mae hi'n sbio i lawr ar y bwrdd ac yn gwrido rhyw fymryn – nodwedd anffodus dwi wedi'i hetifeddu ganddi. 'Roedd o fel treulio dy fywyd yn cnoi ar gardbord, ac yna'n cael blasu bwyd am y tro cyntaf. Golles i 'mhen yn llwyr. Ac o fewn wythnosau mi wnes i ganfod fy mod i'n feichiog. A dyna ble aeth pethau'n flêr. Do'n i ddim yn medru bod yn hollol sicr mai Tony oedd dy dad di. Roedden ni'n bwriadu disgwyl tan i ti gael dy eni, a bryd hynny byddai Tony'n cael prawf DNA. Os mai fo oedd dy dad, ro'n i am adael Jason a gofyn am ddifôrs. Os mai Jason oedd dy dad, fysen i wedi rhoi'r gorau i'r affêr, er mwyn i ti gael teulu sefydlog. Meddwl amdanat ti oedden ni, w'sti. Yna cafodd y ffŵl ei ddal yn twyllo'r dyn treth a chael ei yrru i'r carchar, a doedd pethau dim mor syml â hynny. Roedd o'n eitha amlwg i mi a dy nain mai Tony oedd dy dad, hyd yn oed heb brawf DNA. Ond doedd o ddim mor hawdd â phacio fy magiau a cherdded allan. Do'n i ddim yn ennill digon i fedru fforddio lle fy hun. Ac roedd Jason wedi mopio efo ti. Mae'n anodd credu hynny rŵan, dwi'n gwybod, ond ti oedd ei hoff berson yn y byd. Doedd o ddim y peth cywir i wneud, ond ar y pryd roedd hi'n haws ...'

'Haws, ond ddim yn deg iawn.'

'Mi wn i hynny, Rachel, mi wn i hynny'n iawn. Am bymtheg mlynedd dwi wedi byw efo'r ofn parhaol y bysech chi'n edrych ar eich gilydd ac yn gweld y gwirionedd. Chwarae teg i Tony, mi wnaeth o barchu fy mhenderfyniad i gadw'n dawel, ond dwi'n siŵr bod sïon o gwmpas y dre. Am sbel mi rois i'r gorau i siarad efo Mel, Gina, dy nain hyd yn oed, am fod gen i gymaint o ofn y buasen nhw'n fy mradychu i. Dwi'n diolch i Dduw fod Jason wedi mynd i'r ysgol yn Lloegr, achos petai o wedi adnabod Tony pan oedd o'n llanc mi fyse fo'n cymryd un olwg arnat ti ac yn sylweddoli'r gwir. Rwyt ti'n mynd yn debycach i dy dad bob blwyddyn. Mae'n syndod i mi nad ydi Jason wedi cwestiynu'r peth cyn hyn; ond am bymtheng mlynedd, Rachel, dwi wedi byw efo'r ofn y bydd o'n gofyn i mi ... Mae pethau'n gymaint o smonach.'

Erbyn hyn mae'r bwyd ar y bwrdd o 'mlaen i'n oer ac yn seimllyd. Dwi'n gwybod ei fod o'n wastraff o fwyd ac arian, ond fedra i ddim bwyta fy mrecwast.

'Pam na wnest ti adael, yn lle byw mewn ofn?'

'Rwyt ti'n gwybod pam, Rachel.' Mae hi'n tynnu ei sgarff. O amgylch ei gwddw mae hi'n gwisgo olion bysedd Dad, y briwiau fel mwclis pinc a phorffor.

'Y bastard!' ebychaf. Mae hen ddynes gyfagos yn troi yn ei chadair ac yn rhythu arna i am regi'n uchel. 'Rhaid i ti ei adael o, Mam.'

Ond ysgwyd ei phen mae hi. 'Fyse fo'n fy lladd i, Rachel.'

Dwi'n trio tipyn o flacmel emosiynol. 'Be os ydi o'n ymosod arna i, neu ar Sara?'

'Fyse fo ddim yn gwneud hynny. Mae o'n eich caru chi.

Arna i mae'r bai am bopeth ...' Mae hi'n crio eto, y dagrau yn powlio i lawr ei bochau ac yn glanio fel crisialau ar ei chadwyn o friwiau. 'Dwi'n gwybod nad oes gen i hawl i ofyn i ti, ond plis, plis, wnei di gadw'n dawel? Fedra i dy drystio di i gadw popeth rhag Jason? Plis?' Mae hi'n estyn dros y bwrdd ac yn cymryd fy llaw yn ei un grynedig hi. Dwi'n sbio i'w llygaid ac yn gweld anifail gwyllt mewn magl. Yr eiliad hon, mi fysen i'n hoffi lladd Dad am ei brifo hi fel hyn. Ond dwi'n dod i sylweddoliad: dyma achos ei hiselder. Dyma'r rheswm pam mae hi wastad ar bigau'r drain o'i gwmpas o. Dyma pam mae hi'n gadael iddo ei bwlio a'i brifo hi. Nid gwaith, nid diffyg pres, nid meigryn, ond fi. Fi ydi achos yr holl helynt. Nes i mi ffeindio ffordd i ddatrys y llanast afiach 'ma, dim ond un opsiwn sydd gen i er mwyn ei hamddiffyn hi, ac amddiffyn Sara a finne.

'Mi wna i aros yn dawel, *cross my heart and hope to die.* Anghofio am Tony. Bydd popeth fel roedd o.' Mae'r rhyddhad yn glir ar ei hwyneb, ac am eiliad dwi'n teimlo pigyn o euogrwydd am ei thwyllo hi. Ond mae hi'n fwndel o nerfau, a fedra i ddim ei thrystio hi i beidio â bradychu ei hun. Mae'n well iddi hi gredu fod popeth yn iawn, a bod y ddysgl yn wastad unwaith eto.

Tydw i ddim yn sôn wrthi fy mod i wedi penderfynu mynd i'r carchar i gyfarfod Tony. (**Sut i Osgoi Helynt #13: Dysga sut i gadw cyfrinachau.**)

13

Mam sy'n cysgu ar y soffa rŵan. Aeth hi ddim yn ôl at Mel. Mae'r tŷ'n lân ac yn daclus ac mae hi wastad ar amser i gyfarfod Sara wrth y bws ysgol. Mae hi'n treulio oriau bob dydd yn chwilio am swydd newydd, ac yn fy helpu i efo fy ngwaith cartref. Does gan Dad ddim rheswm i gwyno, heblaw am y ffaith fod Mam yn dewis cysgu ar y soffa yn hytrach na rhannu gwely efo fo. Ond mae o *yn* cwyno, o hyd: '*Stop this bloody sulking, Lois. You're behaving like a moody kid.*' Ond wnaiff hi ddim ateb yn ôl.

Tydi hi ddim yn siarad rhyw lawer efo Sara na finne chwaith, dim hyd yn oed pan ydyn ni ar ben ein hunain. I fy neffro i yn y bore mae hi'n cyffwrdd fy ysgwydd ac yna'n agor y llenni fel fy mod i'n cael fy nallu gan lond wyneb o heulwen. Ond cyn i mi fedru codi mae hi wastad wedi sleifio allan o'r stafell gan adael paned ar fy mwrdd ymbincio. Mae hi fel morwyn. Neu ysbryd.

Pan dwi'n mynd i lawr y grisiau mae hi wrthi'n gosod ein brecwast ar fwrdd y gegin. Mae hi wedi mynd i dipyn o drafferth, wedi torri'r ffrwythau fel mae Sara yn eu licio nhw, ac wedi torri'r crystiau oddi ar fy nhost. Dwi'n teimlo'n euog achos fedra i ddim bwyta tamed o fy mrecwast. Mae fy mol i'n corddi fel peiriant golchi wrth feddwl am yr hyn dwi ar fin ei wneud. Dwi am ei bradychu hi.

'Dyma dy ginio, cariad,' medd Mam, gan estyn fy mocs

bwyd i mi a rhoi cusan gariadus ar fy nhalcen. Dwi'n falch o gael dianc o'r tŷ. Dim ots pa mor neis ydi Mam, mae'n gas gen i fod adref ar hyn o bryd. Dwi'n cael fy atgoffa o sut roedd byngalo Nain ar ddiwrnod ei hangladd: pawb yn sibrwd, pawb ofn gwneud sŵn. Dwi'n gwybod bod Mam yn arbennig o garedig am ei bod hi'n ddiolchgar fy mod i'n cadw ei chyfrinach. Dwi'n garedig efo hi, am fy mod i'n teimlo'n euog am fynd y tu ôl i'w chefn. Mae Sara yn synhwyro bod rhywbeth o'i le ac mae hi'n *clingy* ofnadwy efo pawb, isio cysgu yn fy ngwely i ac eistedd ar lin Mam wrth iddi wylio'r teledu. Ac wrth gwrs, mae pawb yn ceisio ymddwyn ar eu gorau er mwyn osgoi gwylltio Dad.

Allan yn y stryd dwi'n edrych ar fy ffôn. Neges gan Shane, yn ddi-enw wrth gwrs:

> *Morrisons, 9.15. Fyddi di adre erbyn 2.*

Mae fy ngheg yn sych fel tywod Talacre. Shit, mae hyn yn mynd i ddigwydd. Dwi am gyfarfod Tony. Dwi am gyfarfod fy nhad go iawn.

Cerddaf i gyfeiriad y safle bws, ond heddiw dwi am guddio ym Morrisons nes y bydd hi'n amser i Shane gyrraedd a mynd â fi draw i HMP Manchester. Mae fy ffrindiau (a'r athrawon hefyd) i gyd yn meddwl fy mod i'n mynd draw i Wrecsam ar gyfer apwyntiad ysbyty arall. Wythnos diwethaf es i â fy ngherdyn apwyntiadau at yr ysgrifenyddes, ac yn slei bach roeddwn i wedi ychwanegu dyddiad heddiw at waelod y rhestr. Wnaeth hi ddim cwestiynu'r ffaith fod gen i ddau apwyntiad mor agos at ei gilydd. Mae gen i ganiatâd i fod allan o'r ysgol, ac oherwydd hynny wnaiff neb ffonio adref i holi pam nad ydw i wedi cofrestru. Bydd Shane yn fy ngollwng yn ôl yn y Rhyl am ddau o'r gloch, a fydd Mam a Dad byth yn cael gwybod fy mod i wedi bod ym Manceinion ...

Bolycs – mae Carys yn cerdded tuag ata i! Nid y ffordd yma mae hi'n cerdded fel arfer ... Ydi, mae hi'n dod i 'nghyfarfod i! Carys, ti'n ffrind i mi, ond *eff off* cyn i ti ddifetha popeth!

'Rachel! Rachel!' Mae hi'n codi'i llaw arna i a dwi'n llwyddo i ffugio gwên.

'Ti'n iawn?'

'Ydw, tad. Gesia be? Rhaid i mi ddeud wrth rywun, neu mi wna i fyrstio!' Mae hi'n dod i sefyll reit wrth fy ymyl i ac yn sibrwd yn fy nghlust, 'Dwi'n gadael!' Na, dwyt ti ddim. Rwyt ti'n dal i sefyll yma o 'mlaen i, ac unrhyw funud bydd Shane yma hefyd. 'Mae Dad 'di cael cynnig job ochrau C'narfon. Doedd o ddim isio tarfu ar fy addysg drwy 'ngorfodi i symud ysgol yng nghanol fy TGAU, ond dwi mor ffed-yp efo Eira a'r lol 'na, dwi'n hapus i fynd i ysgol newydd! Neith o les i mi, dwi'n meddwl.'

'Wel dwi'n falch dy fod ti'n hapus i fynd.'

'O, ydw! Fydda i ddim yn colli neb, heblaw amdanat ti, wrth gwrs. Wna i dy golli di'n fwy na neb.' Dwi'n gwenu arni eto, a gwên go iawn ydi hi y tro hwn, achos dwi'n falch fod Carys am gael cyfle i ddechrau o'r newydd. 'Ro'n i'n meddwl am hyn o'r blaen ...' ychwanega, 'ges i gymaint o hwyl y tro 'na wnaethon ni sgeifio o'r ysgol. Be am i ni wneud eto? Un diwrnod o hwyl cyn i mi fynd.' O, na, na, na ... sut ydw i am gael gwared arni hi?

'Sori, Car, ond fedra i ddim gwneud hynny. Dwi 'di methu

cymaint o ysgol yn ddiweddar achos yr holl apwyntiadau 'sbyty, ti'n gwybod hynny. Dwi'm isio mynd i helynt eto. Yli, dwi angen rhedeg mewn i'r siop i nôl cwpl o bethau. 'Mond munud fydda i.'

'Tampax ti isio? Gen i rai yn fy mag os ti angen nhw ...'

'Ymmm ... pethau eraill.' Dwi'n troi ac yn cerdded drwy faes parcio'r archfarchnad, ond fel ci bach ffyddlon, mae hi'n fy nilyn i! Biti nad oes gen i dennyn, i'w chlymu hi i bostyn a'i gadael hi yno.

'Pethau eraill? Nid ... *condoms*?' Mae hi'n sibrwd y gair olaf. 'Gareth? Wyt ti am gwrdd â Gareth?'

'Nac'dw!'

'Ond rwyt ti'n gweld rhywun? Ti yn! Mae dy wyneb di'n dweud y cwbl – mae gen ti gariad! Wwwww ...'

'Cau dy geg a gad lonydd i mi!' Dwi'n troi arni fel ci ffyrnig sydd wedi cael digon o gi bach yn cyfarth arno. 'Jest gad i mi wneud fy siopa ar fy mhen fy hun, Carys! Dos i ddal y bws!' Ac yna dwi'n cerdded i ffwrdd, gan ei gadael hi'n sefyll ym mynedfa'r siop. Unwaith fy mod i'n sicr ei bod hi wedi gadael dwi'n mynd i'r toiledau i dynnu fy siwmper ysgol a rhoi hwdi Slipknot dros fy nghrys.

Tydi hi ddim yn naw o'r gloch eto, ond gallaf weld Shane yn eistedd yn ei gar, yn disgwyl amdana i. Mae o'n gwisgo sbectol haul i guddio'i wyneb. Rhaid ei fod o wedi anghofio mai C4 1V1 ydi plât ei gar.

Mae'n cymryd awr a hanner i ni gyrraedd HMP Manchester. Wrth i ni deithio dwi'n cael ateb i gwestiwn sydd wedi bod yn fy mhlagio ers dechrau'r dirgelwch.

'Shane, pam nad oes 'na sôn am achos llys Tony ar y we?'

'Roedd dipyn o sôn ar y pryd. Ond wnei di ddim dod ar draws dim o'r manylion drwy roi "Tony Calvi" yn y blwch chwilio.'

'Pam hynny?'

'Nid Tony ydi ei enw go-iawn.'

'Ond wnes i chwilio am Anthony hefyd ...'

'Nid Anthony ydi ei enw. Nid Shane ydi fy enw inne, chwaith.'

'Wir yr?'

'Mi gawson ni ein henwi ar ôl ein hen neiniau a theidiau – enwau chwerthinllyd o hen-ffasiwn o'r Eidal. Newidion ni ein henwau yn yr ysgol uwchradd, a thros amser anghofiodd pawb am ein henwau Eidalaidd. Pan o'n i'n ifanc, cyn i mi droi at focsio, roeddwn i'n reslo ac yn perfformio yn neuadd y dre bob dydd Sadwrn. *Shane the Slayer* oedd fy enw llwyfan, a dyna'r enw oedd pawb yn fy ngalw, er nad ydw i'n ei hoffi o gwbl.' Bu bron i mi ddechrau giglan wrth ddychmygu Shane yn gwisgo mwgwd *lucha libre*. 'Enw go-iawn Gina ydi Annunziata.'

'Na!'

'Wir yr! Doedd neb yn medru ei sillafu, felly Gina fu hi ers iddi gychwyn yn y Cylch Meithrin.'

'Be ydi dy enw go-iawn di, felly?'

'Paid â chwerthin – Mansueto. "Tyner" mewn Eidaleg.' Rŵan dwi'n chwerthin yn uchel. Am enw eironig i'w roi i focsiwr. Mae Shane yn gwenu hefyd. 'Mansueto Severino Calvi ydw i. Paid byth â dweud wrth neb.'

'A beth am Tony?'

'Dwyt ti ddim yn medru dyfalu? Ei enw llawn o ydi Claudio Antonio Calvi, ar ôl ei daid a'i hen daid.' Claudio. Claudia. Dyna ble ges i fy enw canol, felly. Er i Mam ddweud nad oedd hi'n bendant mai Tony oedd fy nhad, roedd hi'n ddigon sicr i roi ei enw yn enw canol i mi. Efallai ei bod hi *yn* bwriadu dweud y gwir amdano ryw ddydd, wedi'r cwbl.

Does dim lle i barcio'n agos i'r carchar ei hun, felly mae'n rhaid i ni adael y car mewn maes parcio a cherdded am chwarter awr i gyrraedd y carchar.

'Ti'n iawn i gerdded, neu wyt ti isio i mi dy ollwng di wrth y drws ffrynt?' gofynna Shane. Tydw i ddim yn ffansïo mynd i'r carchar ar ben fy hun, felly dwi'n taro fy nghoes newydd ac yn dweud, 'Dwi'n iawn i gerdded, diolch. Mae 'nghoes newydd i'n ffitio fel maneg.'

'Od, mae hi'n edrych fel coes i mi.' Mae'r ddau ohonon ni'n chwerthin, ac am eiliad mae'r cwlwm haearn yn fy mol yn diflannu.

'Ti'n gwybod be dwi'n feddwl.'

Mae o'n gwichian, 'Dim idiomau Saesneg! Bwrw hen wragedd a ffyn, nid cathod a chŵn!', gan ddynwared Mrs Beale, fy hen athrawes Gymraeg. Rhaid ei bod hi wedi dechrau dysgu pan oedd athrawon yn cael defnyddio'r gansen. Byddai hi'n gorfodi plant i sefyll ar eu traed o flaen gweddill y dosbarth ac adrodd berfau, ac os oeddet ti'n cael un yn anghywir byddai cyfnod cosb. Ddysges i nhw fel parot: *Rydw i, rwyt ti, mae o, mae hi, rydyn ni, rydych chi, maen nhw*, a ches i erioed fy nghosbi. Roedd hi'n codi cymaint o ofn arna i fel y byddwn i'n teimlo fel chwydu cyn fy ngwersi Cymraeg.

Dwi isio chwydu rŵan. Mae'r arwydd uwchben y drws yn dweud HMP Manchester, ond Strangeways oedd yr hen enw ar y carchar. Fues i'n darllen dipyn am Strangeways. Mae 'na bobl dipyn gwaeth na Tony wedi byw (a marw) yma. Mae gen i atgof o Dad yn sôn bod Granddad Ross wedi treulio amser yma, yn ôl yn y chwedegau, am ladrata. Dyna pam y symudodd y teulu i'r Rhyl – cyfle i ddechrau eto. Yr eironi mawr ydi y gwnaeth o farw o drawiad ar y galon lai na blwyddyn ar ôl dod i Gymru.

Mae llawer o bobl eraill o'n blaenau ni yn disgwyl i gael mynd i mewn, ac mae'n rhaid i ni aros i gael ein prosesu. Mae Shane yn rhoi fy nhystysgrif geni iddyn nhw fel ID. (Lwcus 'mod i wedi dal gafael arni ar ôl y clyweliad!) Yna mae'n rhaid i ni fynd trwy beiriant *X-ray*, ac wrth gwrs, mae'r larwm yn seinio wrth i mi fynd trwyddo. Mae dynes yn dod draw ac yn chwifio teclyn dros fy mronnau, a dwi'n teimlo fy hun yn mynd yn biws fel betys.

'*Usually it's the underwiring in your bra ...*' eglura. '*Have you got a belt on?*'

'*No, but I've got this ...*' Dwi'n codi gwaelod fy nhrowsus i ddangos fy nghoes brosthetig. Chwarae teg iddi hi, dydi hi ddim yn ymateb, er i mi glywed un ddynes yn dweud, '*Ooo, look, she's got one of those robotic leg things.*' Mae'r teclyn yn seinio eto, ac am eiliad dwi'n poeni ei bod hi am ofyn i mi dynnu fy nghoes, rhag ofn fy mod i'n ceisio smyglo rhywbeth i'r carchar. Ond y cwbl sy'n rhaid i mi wneud ydi cerdded heibio ci mewn caets. Tydw i ddim wedi bod yn agos at gyffuriau anghyfreithlon o unrhyw fath ers i mi gyfarfod Jake a Mike, ond mae'n gas gen i gŵn, ac yn poeni y gwnaiff o synhwyro hynny a dechrau cyfarth. Mae'r ci yn codi ei glustiau, ond yn aros yn dawel.

Erbyn i ni gael ein prosesu dwi'n crynu fel deilen. Petawn i ychydig yn iau mi fysen i wedi cydio yn llaw Shane. Dwi'n ddiolchgar pan mae o'n rhoi llaw ar fy ysgwydd ac yn gofyn, 'Olreit, cyw? Bron yna.'

Dyma hi, y neuadd ymweld, ac mae hi'n hollol wahanol i'r hyn ro'n i'n ei ddisgwyl – yn fwy fel ffreutur ysgol na charchar. Mae 'na gaffi, hyd yn oed. Mae'r lle dan ei sang, ac am eiliad dwi'n sefyll yna yn sbio o un wyneb i'r llall. Mae un o'r dynion yma'n perthyn i mi. Roeddwn i wedi gobeithio y bysen i'n adnabod Dad yn syth, ac yntau yn fy adnabod i.

'Dyna fo ...' meddai Shane, ac mae o'n fy nhywys i gornel bellaf y neuadd. Eistedda dyn gyda'i gefn at y wal. Wrth iddo weld Shane mae'n codi ar ei draed. Mae o'n dalach na Shane, a thipyn yn drymach hefyd. Mae ganddyn nhw'r un aeliau a'r un gwallt tywyll, ond dim ond ar gefn ei ben mae gwallt Tony'n dywyll. Mae gweddill ei wallt yn frith. Er mai dim ond rhyw bum mlynedd sydd rhwng y brodyr, edrycha Tony dipyn yn hŷn. Edrycha fel petai o heb gysgu'n dda ers peth amser, a'i ddillad ... wel, yn amlwg tydyn nhw ddim wedi bod yn agos at haearn smwddio. Doeddwn i ddim yn disgwyl iddo fo fod yn gwisgo siwt na dim byd felly, ond mi oeddwn i'n disgwyl rhywbeth taclusach na hen siwmper las dyllog a jîns du. Petaet ti'n ei weld o ar Stryd Fawr y Rhyl fyset ti'n cymryd mai dyn digartref ydi o.

Am eiliad hir safwn gyferbyn â'n gilydd, yn hollol fud. Yna mae Shane yn dweud, 'Tony, dyma Rachel. Rachel, dyma dy dad.'

Dwi'n edrych i fyw ei lygaid. Maen nhw'n lliw od, rhywle rhwng llwyd a brown, heb fod yn wyrdd. Ganddo fo dwi wedi cael y brychni brown o amgylch cannwyll fy llygaid. Maen nhw'n llygaid caredig.

Mae Tony'n camu ymlaen ac yn cymryd fy wyneb yn ei ddwylo, fel petawn i'n rhywbeth gwerthfawr iawn, rhyw drysor mae o wedi bod yn chwilio amdano ar hyd ei oes. Gwelaf ddagrau'n disgleirio yn ei lygaid.

'Rachel,' sibryda, 'Rachel Claudia. Dwi wedi disgwyl am y foment hon ers blynyddoedd.' Rŵan mae gen inne ddagrau yn fy llygaid. Diolch byth, mae Shane wedi dod i arfer efo fi'n crio ac mae ganddo hances yn ei boced. Tydi o ddim yn cael cynnig un i Tony. Mae'n rhaid iddo fo sychu ei lygaid efo'i lawes.

Eistedda Tony ar un ochr i'r bwrdd, a Shane a finne ar yr ochr arall. Chawn ni ddim cyffwrdd rŵan, dim ond siarad. Eglurodd Shane y rheolau ar y ffordd yma: gawn ni un cofleidiad wrth gyfarch ac un wrth ymadael, ond am weddill yr amser mae'n rhaid i ni eistedd ar wahân. Chawn ni ddim hyd yn oed cyffwrdd dwylo'n gilydd.

Tydi Shane ddim yn eistedd efo ni – mae'n cynnig mynd i brynu diodydd. Dwi'n teimlo eiliad o banig wrth iddo ddiflannu i gyfeiriad y caffi. Er i mi freuddwydio am gyfarfod fy nhad go iawn, wnes i ddim ystyried beth yn union fysen i'n ddweud wrtho. Y mwyaf sydyn dwi'n teimlo'n swil ac yn ansicr o sut i ddechrau'r sgwrs, ond yn ffodus i mi mae Tony yn amlwg wedi paratoi a does dim angen iddo fo hel ei feddyliau.

'Y tro diwetha i mi dy weld di roeddet ti yn yr ysbyty efo meningitis.'

'Be? Ddest ti i 'ngweld i yn Alder Hey? Tra oedd Mam a Dad yno?' Dwi'n methu credu'r hyn dwi newydd ei glywed. Mae o'n nodio ei ben ac yn gwenu.

'Do, diolch i dy nain. Un bore dyma hi'n cnocio ar fy nrws. "Mr Calvi," meddai hi, "Mr Calvi, mae fy wyres yn yr ysbyty yn Lerpwl, ac mae angen i mi fynd yno ar frys. Mae gen ti *sports car*, felly dwi'n siŵr y medri di fynd â fi yno'n gyflymach nag unrhyw dacsi." Felly dyna be wnes i – ei gyrru hi draw i Alder Hey. A phan wnes i barcio tu allan, meddai, "Mr Calvi, rydw i'n teimlo braidd yn benysgafn. Wnei di ddod i'r ward efo fi, rhag ofn i mi lewygu?" Ac mi gerddon ni i'r ward, dy nain yn pwyso ar fy mraich, yn smalio bod angen cymorth arni. Doedd dy fam dim yn hapus, ond iesgob, dwi'n ddiolchgar iddi am roi'r cyfle i mi gael cip ar fy merch, o'r diwedd. Allan o barch at dy fam a dy dad es i ddim at ochr dy wely, ond gallwn dy weld di drwy fwlch yn y llenni. Yn fwy na dim byd, ro'n i cisiau ymuno â nhw, cael eistedd wrth dy ochr a dal dy law fach ... Ond doeddwn i ddim am ddychryn dy fam, na phryfocio amheuaeth dy dad. Doedd gen i ddim busnes i fod yno, felly doedd gen i ddim dewis ond cadw fy mhellter. Cyn hynny ro'n i wedi rhoi pwysau ar dy fam i adael Jason. Ond yn yr ysbyty gwelais gymaint roedd o'n dy garu di. Dyna pryd y penderfynais y byddai'n rhaid i mi gadw cyfrinach dy fam, a gadael i Jason fod yn dad i ti. Fo oedd wedi dy fagu di o'r dechrau. Doedd gen i ddim hawl i gipio ei wraig a'i blentyn, yn enwedig ar ôl i mi gael fy nanfon i'r carchar a gadael dy fam heb gymorth o unrhyw fath ...'

'Mae'n bechod nad oedd gan Mam ddigon o gyts i'w adael o'n syth pan wnaeth hi ddarganfod ei bod hi'n disgwyl.'

'Rachel, dwyt ti ddim wedi cerdded milltir yn sgidiau dy fam. Tydi o ddim yn deg chwaith ei beirniadu hi am ei phenderfyniadau. Sefyllfa anffodus, sefyllfa anodd – ond rwyt ti yma rŵan, a dyna'r unig beth sy'n bwysig i mi ...'

Dim ond awr o sgwrs sydd ganddon ni, ac mae'n gwibio heibio'n gyflym. Mae Tony yn holi am Mam a Sara, am sut dwi'n ymdopi efo fy nghoes, ac am fy hoff bynciau ysgol. Dwi'n hapus i ddarganfod mai Saesneg, Cymraeg a Chelf oedd ei hoff bynciau o hefyd, er i'w dad o fynnu ei fod o'n astudio busnes yn y brifysgol. Dydi o ddim yn hapus fy mod i wedi colli diwrnod o ysgol i ddod yma heddiw.

'Mae o mor bwysig dy fod di'n canolbwyntio ar dy addysg, Rachel!' Mae o'n pwyntio at y dynion o'n cwmpas. 'Mae cymaint o'r dynion yma'n methu darllen na gwneud symiau yn iawn. Dwi'n gwirfoddoli fel tiwtor yn y lle 'ma, a fyset ti'n synnu faint o ddrysau sydd ar gau iddyn nhw oherwydd iddyn nhw gael addysg mor wael. Y Professor maen nhw'n fy ngalw i, achos dwi'n ceisio gwneud tipyn o ysgrifennu creadigol yn fy amser sbâr. Wel, mi o'n i.' Mae o'n edrych i lawr ar ei ddwylo, a dwi'n gweld bod ei figyrnau a'i fysedd wedi chwyddo. 'Mae'r hen *rheumatoid arthritis* yn gwneud ysgrifennu'n anodd ar hyn o bryd. Dwi yng nghanol be maen nhw'n ei alw'n *flare up*, ond unwaith y bydd yn pasio, mi ysgrifenna i lythyr atat ti. Wna i ei bostio fo at Shane, a geith o ei basio fo 'mlaen.'

'Wna i drio 'ngorau,' cadarnha Shane, sydd wedi ailymuno â ni. 'Ond rhaid i ni fod yn ofalus i beidio cael ein gweld efo'n gilydd yn rhy aml.'

'Wrth gwrs,' meddai Tony'n syth. 'Maddeua i mi, Shane.

Tydw i ddim am achosi helynt o unrhyw fath i ti.' Mae Shane yn pwnio fy ysgwydd yn ysgafn.

'Mae'r un yma yn ddigon o helynt ar ei phen ei hun!'

Mae Tony'n ymddangos yn dawel, clên, doeth ac amyneddgar. Mae'n amhosib i mi ei ddychmygu o'n lladd person arall – ond eto, dyma fo yn y carchar. Dwi'n gofyn pa mor hir ydi ei ddedfryd. 'Mi fydda i yma nes bydd yr awdurdodau'n dweud fy mod i wedi talu fy nyled i gymdeithas. Tydi pedair blynedd ddim yn ddedfryd hir, o ystyried be gollodd y boi ifanc a'i deulu. Dyna'r pris y gwnes i ei dalu er mwyn amddiffyn fy nheulu fy hun, ac mae o'n bris teg.' Tydi o ddim yn sôn am ei drosedd eto.

Am bum munud olaf yr ymweliad mae o'n trafod y clwb efo Shane, a siarad am Gina, ac am Mel. Dwi'n ei glywed o'n sibrwd y dylai Shane barhau i dalu cyflog llawn Mel, dim ots pa mor hir mae hi'n aros i ffwrdd o'r gwaith i alaru a rhoi trefn ar bethau ei mam. Gallaf weld ei fod o'n ddyn da, er ei fod o wedi gwneud pethau drwg.

Mae'r ymweliad drosodd. Rydyn ni'n sefyll, ac wrth i ni ffarwelio cawn gyfle i gyffwrdd ein gilydd eto. Mae Tony yn cusanu fy nhalcen fel bendith, ac mae'r ddau ohonon ni'n crio eto. Dwi newydd ei gyfarfod o, a does gen i ddim clem pryd ga' i siarad efo fo eto.

Ar y ffordd 'nôl i'r car mae Shane yn egluro mai *one off* oedd ymweliad heddiw. Ddylwn i ddim disgwyl mynd i weld Tony bob mis.

'Rhaid i ti stopio dod draw i'r clwb hefyd. Dwi 'di cael ambell un yn jocian am "fy stelciwr bach". Os wyt ti isio danfon llythyr at dy dad, cer draw i siop Gina ac mi wnaiff hi ei bostio ar dy ran di. Pan ei di adre dwi am i ti ddileu fy rhif a chael gwared ar y cerdyn busnes. Mae 'na ormod o bobl yn sibrwd amdanon ni.'

'Sori, pwy wyt ti?' gofynnaf yn gellweirus, ond tydi Shane ddim yn chwerthin.

Mae hi'n amser cinio, a tydw i ddim wedi bwyta drwy'r dydd, felly dwi'n ddiolchgar pan mae Shane yn penderfynu stopio ym marc siopa Cheshire Oaks. Rydyn ni'n mynd i *pizzeria*, ac mae o'n gadael i mi gael pitsa cyfan i mi fy hun. Tra dwi'n llowcio fy mwyd mae o'n fy holi.

'Felly, be oeddet ti'n feddwl o Tony?'

'Ro'n i'n ei licio fo. Yn fawr iawn. Dwi'n edrych 'mlaen i gael dod i'w nabod o'n well, er na cha' i ddim gwneud hynny am sbel eto. Falle fydd pethau'n haws ar ôl i mi symud allan o dŷ Mam a Dad a mynd i'r brifysgol. Ga' i fynd a dod heb neb i gadw golwg arna i o hyd.'

'Ac erbyn hynny bydd Tony allan o'r carchar,' meddai Shane.

'Ddyle fo ddim bod yna yn y lle cynta! Roedd o'n amddiffyn ei deulu, yn doedd o? Dwi'n gwybod mai dim ond am awr y bues i'n siarad efo fo, ond tydi o jest ddim yn dod drosodd fel y math o berson fyse'n brifo rhywun arall yn fwriadol. Alla i ddim ei ddychmygu o'n colli ei dymer fel'na ...' Dwi'n meddwl am lygaid trist, caredig Tony ac yn cofio'i lais – llais sydd wedi arfer rhesymu ac egluro yn hytrach na ffraeo. Mae'n anodd meddwl amdano'n gweiddi neu'n codi dwrn mewn tymer. Yna, dwi'n cofio ei ddwylo ar y bwrdd, ei fysedd tewion a'i figyrnau chwyddedig. Ddwedodd o nad oedd o'n medru dal ei feiro yn iawn … os oedd o'n dioddef o arthritis ddwy neu dair blynedd yn ôl, sut fyddai o wedi medru gwneud dwrn a tharo rhywun yn ddigon caled i'w ladd o? Mi fyse fo mewn gormod o boen i ddyrnu rhywun …

'Aeth o at yr heddlu i gyfaddef,' medd Shane, â nodyn amddiffynnol yn ei lais sy'n procio fy chwilfrydedd yn syth. 'A phledio'n euog.' Mae'r ddau ohonon ni'n troi yn ôl at ein bwyd, ond alla i ddim cael gwared ar y teimlad fod rhywbeth o'i le. Do, mi blediodd Tony'n euog. *So what?* Sawl gwaith mae Mam wedi cymryd y bai dros Sara neu finne er mwyn ein hamddiffyn rhag tymer Dad? Cymryd y bai er mwyn amddiffyn y llofrudd go iawn oedd Tony hefyd, siŵr o fod. Gina? Na. Mae hi'r un maint â fi, ac i ladd dyn efo un trawiad byddai'n rhaid i'r ymosodwr fod yn andros o gryf neu'n dda iawn efo'i ddyrnau.

'Ti isio diod arall?' cynigia Shane. Byddai'n rhaid bod yn andros o gryf neu'n dda iawn efo'i ddyrnau … Sawl gwaith mae Shane wedi sôn am ei yrfa fel bocsiwr? A sawl gwaith dwi wedi'i weld o'n flin? Sawl gwaith mae o wedi bygwth rhywun o 'mlaen i?

'Rachel?' Mae Shane yn clicio ei fysedd i ddenu fy sylw, gan wneud i mi neidio. 'Be sy'n bod efo ti?' gofynna'n ddiamynedd. Dwi'n gweld yr un golau oer yn ei lygaid ag a welais i wrth iddo rythu ar Mike a Jake a Gareth … *I will break your goddamn legs. Os gwela i'r coc oen bach rownd fan hyn eto mi wna i gicio'i din o!*

Roedd gan Tony reswm i ymosod ar ŵr Gina, ond mae'r un peth yn wir am Shane. Mae o'n amddiffynnol ohona i, felly gallaf gredu'n hawdd y byddai o'n colli ei dymer wrth weld rhywun yn brifo ei chwaer fach ... OMB. OMB. Dwi'n teimlo fel petawn i'n eistedd gyferbyn â blaidd. Blaidd fyddai'n medru fy rhwygo i'n ddarnau mewn chwinciad. Neu fy nyrnu fi'n galed yn fy wyneb.

'Rach, ti'n fy ngwneud i'n nerfus. Be sy'n bod?' Dwi'n llyncu fy mhoer ac yn estyn am fy niod.

'Dim byd.'

'Ti'n dweud celwydd.'

'Does 'na ddim byd yn bod.'

'Alli di ddim fy nhwyllo i, Rachel. Jest deuda be sydd ar dy feddwl, fel rwyt ti'n arfer wneud.' Ai fi sy'n dychmygu pethau, neu ydw i'n gweld fflach o ofn yn ei lygaid? 'Ti'n meddwl mai fi wnaeth, yn dwyt?' Dwi'n dilyn cyngor Grandma Ross ac yn parhau i ddweud dim. (**Sut i Osgoi Helynt #14:** *If in doubt, say nowt.*) Ond rydyn ni'n perthyn. O'r cychwyn cyntaf mae Shane wedi medru fy narllen i fel llyfr, a rŵan dwi'n canfod fy mod i'n medru ei ddarllen o hefyd. Mae'r euogrwydd yn glir ar ei wyneb. Gydag ochenaid drom, mae o'n cyfaddef. 'Ti'n iawn. Fi laddodd o. Aeth Tony i'r carchar yn fy lle i.'

'Pam? Pam fyse fo'n gwneud hynny?'

'Amryw o resymau. Achos roedd o'n poeni y bysen i'n cael dedfryd hirach, am fy mod i'n focsiwr. *Aggravating factor*, fel maen nhw'n dweud. Achos roedd Tony wedi bod yn y carchar o'r blaen ac yn deall y drefn, ac achos mai fi ydi rheolwr y clwb ac roedd o am i mi gadw llechen lân. Ti'n gweld, all Tony ddim dal trwydded i werthu alcohol pan ddaw o allan oherwydd y bydd o'n gyn-droseddwr. Fi gymerodd yr awenau pan aeth o i'r carchar y tro cynta, a doedd o ddim isio fy ngholli fi fel rheolwr.'

'Dwi'n stryglo i gredu y byse fo'n gwirfoddoli i dreulio pedair blynedd mewn carchar jest er mwyn cadw'i glwb nos ar agor.'

'Nid dyna'r prif reswm. Y prif reswm y mynnodd o gyfaddef i'r drosedd oedd ei fod o'n gweld ei hun yn gyfrifol. Mae 'na elfen o'r penteulu yn Tony. Ei rôl o ydi amddiffyn ei frawd a'i chwaer. Wnes i amddiffyn Gina, ac roedd o'n benderfynol o fy amddiffyn i, hyd yn oed os oedd raid iddo fynd i'r carchar. Ar ôl y digwyddiad ... y ddamwain, aeth Jim â fi a Gina oddi yno, a thra o'n i'n gofalu am Gina aeth Tony at yr heddlu a chymryd y bai.'

'Wnest ti ddim mynd at yr heddlu dy hun?'

'Dwi'n dal i deimlo'n euog am beidio gwneud, creda fi. Ond ar y pryd roedd Tony'n poeni y byse teulu'r boi yn ceisio dial arnon ni. A do, gawson ni gwpl o ffenestri wedi'u malu. Ddaeth Gina i fyw efo fi am sbel, i fod yn ddiogel. Petai Tony yn y carchar am *perjury* a fi yno am ddynladdiad, pwy fyddai wedi edrych ar ei hôl hi?'

'Yr heddlu?'

'Ha!' Mae chwerthiniad Shane yn chwerw wrth iddo daflu ei napcyn ar ei blât ac estyn am ei waled. Mae o'n gwybod ei fod o wedi gwneud y peth anghywir trwy adael i Tony fynd i'r carchar yn ei le. Mae o'n ymddwyn fel cymaint o ddyn caled, ond doedd ganddo ddim digon o gyts i gymryd cyfrifoldeb am yr hyn wnaeth o.

Yna, dwi'n atgoffa fy hun o eiriau Tony: tydw i ddim wedi cerdded milltir yn sgidiau Shane. Doeddwn i ddim yno y noson honno. Ond mi wn i nad ydi hi wastad yn hawdd gwneud y peth cywir ar y pryd. Er enghraifft, efallai dy fod di, fy annwyl ddarllenydd, yn eistedd yn fanna, yn ysu i gael

ysgwyd Mam a finne, isio bloeddio arnon ni: EWCH AT YR
HEDDLU! FFONIWCH Y RHIF GEST TI GAN NADINE!
PAID AG AROS DAN YR UN TO Â'R BASTARD! GADEWCH!
Ond tydi hi ddim wastad yn hawdd gwneud y peth cywir, neu
yn achos Mam, gwneud unrhyw beth o gwbl. Dim ond mewn
cartwnau mae pobl yn hollol dda neu'n hollol ddrwg.

Dwi'n mynd i'r tŷ bach. Mae Shane yn talu'r bil ac yn mynd
allan i'w gar.

'Wnes i roi'r gorau i focsio yn syth ar ôl y ddamwain,'
meddai, ac am y tro cyntaf dwi'n clywed rhyw gryndod yn ei
lais. 'Wnes i golli 'nhymer, colli rheolaeth arna i fy hun, a bu
rhywun farw. Gen i ofn i'r un peth ddigwydd eto.' Alla i ddim
meddwl sut i'w ateb. Alla i ddim dychmygu lladd rhywun a
gorfod byw efo'r peth am weddill fy mywyd.

Dim ond pan ydyn ni'n ôl ar yr A494 y mae o'n mentro
siarad eto. 'Paid â sôn wrth neb arall, wnei di? Er lles Tony.
Petai'r awdurdodau'n dod i wybod am hyn mi fyse fo'n cael ei
jarjo efo *perjury*, a'i gadw yn y carchar am flynyddoedd eto.'

'Ddeuda i ddim byd. Er mwyn Tony, nid er dy fwyn di.'

'Diolch.'

Cyfrinach arall i'w chadw, ond un sydd werth y baich.
Tydi Tony ddim wedi lladd rhywun. Gymerodd o'r bai dros ei
frawd. Ro'n i'n gwybod ei fod o'n ddyn da, er bod yn rhaid i
mi gyfaddef 'mod i wedi colli parch at Shane. Er i mi drio
cadw *poker face* rhaid bod Shane yn synhwyro fy siom.

'Dwi'n gwybod, o'r tu allan, ei fod o'n edrych fel petawn i
wedi cael *get away* efo be wnes i. Ond wir, Rach, fyse'n well
gen i fod yn y carchar yn lle Tony, yn talu fy nyled.'

Mae o'n chwilota yn un o bocedi'r car, yn estyn sbectol haul ac yn eu gwisgo nhw, er ei bod hi'n ddiwrnod cymylog. Wrth i ni ymuno â'r A55 mae hi'n dechrau bwrw hen wragedd a ffyn.

14

Dwi'n cerdded drwy'r drws, ac yn syth gallaf synhwyro fod rhywbeth o'i le. Mae'r tŷ'n hollol dawel – dim teledu, dim sŵn gan Sara, dim peiriant golchi. 'Rachel?' Daw llais crynedig Mam o'r gegin. Dwi'n estyn fy ffôn o fy mhoced ac yn tshecio'r amser. Deg munud wedi pedwar. Na, tydw i ddim adre'n gynnar. Wnes i dreulio bron i ddwy awr yn gwneud fy ngwaith cartref yn y llyfrgell. Does bosib ei bod hi'n gwybod fy mod i wedi colli'r ysgol.

Dwi'n cerdded i'r gegin, ac yna'n rhewi yn fy unfan. Mac Mam yn eistedd wrth fwrdd y gegin. Ac yn sefyll y tu ôl iddi mae Dad. Yn amlwg, mae o wedi aros adref o'r gwaith i ddisgwyl amdana i.

'*Where have you been, young lady? And if you say 'at school' then I will give you a hiding like you've never had before. Do not lie to me.*' S***, ff**, b*****, c***! Roeddwn i mor siŵr y byse fy nghynllun yn gweithio wnes i ddim hyd yn oed mynd i'r drafferth o feddwl am esgus, ac mae hi braidd yn hwyr i gychwyn rŵan. '*Answer me! Where the hell have you been all day?*'

'*I missed the bus so I skived off. Spent the day on the prom ...*' Dwi'n llwyddo i egluro heb oedi na dweud 'ymmm' unwaith, ond tydi Dad ddim yn fy nghredu i. Mae hynny'n amlwg am fod ei wyneb mor goch mae o'n edrych fel petai ganddo losg haul.

'*You were seen getting into a car. The school phoned and said they'd had a report of you getting into a man's car. They want to get Social Services involved!*'

'*Please, Jason, please calm down,*' pledia Mam. O'r tu ôl i mi dwi'n clywed llais bach yn gofyn yn ddiniwed, 'Ga' i ddiod?'

'*I said stay in your bloody room!*' Dwi'n troi ac yn gweld cefn Sara wrth iddi redeg fel sgwarnog am ei stafell wely. Mae'r deifyrsiyn bach hwn wedi prynu eiliadau gwerthfawr i mi feddwl, ond yr unig beth alla i feddwl ydi, 'Damia ti, Carys Wealde!' Hi wnaeth achwyn i'r ysgol, dwi'n siŵr o hynny. Nid allan o falais, nid achos i mi ei gadael hi ar ei phen ei hun, ond am ei bod hi'n ferch dda. Aeth hi at y prifathro i f'amddiffyn i rhag bwlio Eira, ac unwaith eto, mae ei chydwybod yn mynnu ei bod hi'n gwneud y peth iawn. Hi ydi'r unig un o fy ffrindiau ysgol sy'n gwybod bod gen i hanes efo Shane. Rhaid ei bod hi wedi disgwyl amdana i y tu allan i Morrisons, a phan welodd hi fi'n dringo i gar Shane, aeth hi at y prifathro rhag ofn fy mod i mewn perygl. (**Sut i Osgoi Helynt #15: Dewisa ffrindiau wnaiff ddim cario clecs.**)

'*I knew you'd lie to me,*' meddai Dad. '*I knew it. So I went into your room, and guess what I found?*' Mae fy nghalon yn curo fel petai'n barod i ffrwydro trwy fy asennau. Alla i ddim anadlu'n iawn chwaith, achos mi wn i be sy'n dod nesaf. Er hynny, dwi'n dal i neidio wrth iddo daflu pentwr o bren ar y bwrdd. Fy mocs trysorau. Mae modrwy Nain yn bownsio oddi ar y pren efo tinc metelaidd ac yn diflannu i gornel y gegin. Tydw i ddim yn meiddio mynd i'w chodi.

Mae Dad wedi gwneud mwy na thynnu'r clo oddi ar y bocs – mae o wedi rhwygo'r caead cyfan oddi ar y top. Yng ngwaelod y bocs, ar dop fy mhentwr trysorau, gwelaf gerdyn busnes Shane, a'r ddau gondom o'i siaced. Dwi'n agor fy ngheg, ond dwi wedi troi'n fud. Does dim ots fy mod i'n methu siarad, achos does gen i ddim byd i'w ddweud beth bynnag. Fyse fo byth yn credu i mi gadw'r condoms er mwyn dial ar Eira. A'r cerdyn busnes, wel, mae hynny'n profi fy euogrwydd yn syth. Does 'na ddim ffordd i mi egluro cynnwys y bocs heb fradychu Mam.

'Shane Calvi,' meddai Dad yn chwyrn. '*It would be bad enough to find out that you were shagging someone the same age as you; but no, you're shagging Shane bloody Calvi!*' Mae ei ddwrn yn taro'r bwrdd a thro Mam ydi hi i neidio allan o'i chroen. '*Shane Calvi! What the hell is wrong with you? He's old enough to be your father! He's a thug! What the hell were you thinking?*' Mae ein llygaid yn cwrdd, ond dwi'n brathu fy ngwefus ac yn parhau i ddweud dim.

Y peth nesaf, mae llaw agored Dad yn fy nharo i reit ar draws fy moch. Mae fy mhen i'n troelli, ond dwi'n llwyddo i aros ar fy nhraed. Dwi'n cydio yn ochr y bwrdd ac yn edrych i lawr ar y pren. Mae ochr chwith fy wyneb yn brifo, eto mi wn i mai *warning shot* oedd hon, i ddangos fod gwaeth i ddod os na wna i ddechrau siarad. Unrhyw eiliad rŵan bydd yn rhaid i mi ddewis pwy dwi am ei fradychu: Mam neu Shane.

'*Answer me, you little slut! How long has it been going on?*' Gan gadw fy llygaid ar y bwrdd, dwi'n ei ateb.

'*There's nothing going on. I'm not having sex with him. On my life, I'm not having sex with anyone!*' Mae bysedd trwchus Dad yn tyrchu trwy fy nhrysorau. Mae o'n codi condom ac yn ei ddal o fodfedd oddi wrth fy nhrwyn.

'*Do you expect me to believe you?*' Mae o'n lluchio'r condom ac yn cipio cerdyn busnes Shane, gan ei droi o drosodd i ddangos dyddiad heddiw wedi'i sgwennu'n dwt o dan ei rif ffôn. '*You've been with him today, don't bother lying to me, you were seen getting into his car!*'

'*There's nothing going on.*' Yr eiliad nesaf mae ei law ar gefn fy mhen, a chyn i mi fedru dianc o'i afael mae o wedi gwthio fy mhen i lawr ar y bwrdd. Mae fy nhalcen yn taro'r pren efo clec. Dwi'n clywed Mam yn sgrechian 'Jason, Jason!' ond fedra i ddim canolbwyntio ar ddim byd heblaw am y poen yn fy nhalcen. Mae o'n dal fy mhen ar y bwrdd, ei fysedd yn gwasgu fy mhenglog i fy atal rhag codi.

'*Jason, please! Let her go!*'

'*I'll let her go when she tells me the truth!*'

'*I am kelling the truff!*' (Mae hi'n anodd siarad yn glir pan mae rhywun yn gwthio dy wyneb yn erbyn bwrdd.)

'*She is telling the truth,*' meddai Mam. '*She was with Shane today. But there's nothing going on between them.*'

'*How the hell would you know?*'

'*I know because ... because ...*' OMB. Mam, wnaiff o ladd y ddwy ohonon ni os glywith o'r gwir. '*I know ... because they're related.*' Tawelwch. Mae Dad yn codi ei law oddi ar gefn fy mhen. Dwi'n llithro oddi ar y bwrdd ac yn glanio mewn pentwr blêr ar lawr y gegin.

'*He's her father, isn't he?*' Dwi'n cau fy llygaid yn dynn.

'*Her uncle.*'

'*Tony.*' Dim ateb gan Mam, ond mae'n rhaid ei bod hi'n nodio'i phen. '*You had an affair with Tony Calvi ...*' Tydi Dad ddim yn mynd yn wyllt. Ar ôl eiliad hiraf fy mywyd, dwi'n agor fy llygaid ac yn codi ar fy nhraed. Mae dyrnau Dad yn dynn, ond tydi o ddim wedi symud modfedd. Mae Mam yn sefyll gyferbyn â fo, ei dagrau'n powlio i lawr ei bochau.

'*It was a mistake. I'm sorry Jason. I'm so sorry, so, so sorry ...*'

'*Rachel, go upstairs to your sister.*' Dwi'n meddwl am y briwiau fel mwclis o amgylch gwddw Mam.

'*No.*' Mae o'n troi i syllu arna i, yn methu credu fy mod i'n dal fy nhir. '*I'm not leaving Mum with you.*' Am hynny dwi'n cael slap arall ganddo sy'n fy nghnocio'n ôl yn erbyn wal y gegin. Yna, mae o'n cydio yn fy ysgwyddau ac yn fy llusgo ddau neu dri cham i'r dde, ac yn fy ngwthio i allan i'r cyntedd. Mae o'n gwthio mor galed dwi'n cwympo i'r llawr. Mae'r drws yn cau'n glep ar fy ôl i. Am gwpl o eiliadau dwi'n gorwedd yno efo fy llygaid ar gau, mewn gormod o boen i godi am fy mod i wedi glanio'n galed ar fy nghefn.

Dwi'n teimlo llaw fach ar fy mraich. Mae Sara wrth fy ochr, yn syllu ar ddrws y gegin. Mae synau erchyll yn dod o'r tu ôl i'r pren – Mam yn sgrechian ac yn sgrechian ac yn pledio. Gyda thrafferth, dwi'n codi ar fy nhraed.

'Dos at Mrs Jordan,' sibrydaf wrth fy chwaer. 'Deuda wrthi am ffonio'r heddlu. Dos.' Dwi'n gwthio Sara allan o'r drws ffrynt, gan adael y drws yn agored led y pen fel bod yr heddlu yn medru dod o hyd i ni. A fyddan nhw'n cyrraedd mewn pryd? Na. Mae'r sgrechian wedi stopio. Erbyn i'r heddlu gyrraedd bydd Dad wedi lladd Mam. Does neb o gwmpas i'w hachub hi. Heblaw amdana i. Mae fy llaw yn crynu, ond dwi'n cydio yn handlen y drws ac yn camu'n ôl i'r gegin.

Mae o wedi'i gwthio hi yn erbyn yr oergell ac mae ei ddwylo'n dynn o amgylch ei gwddw. Mae ei llygaid ar gau ac mae hi wedi troi ei hwyneb i'r ochr fel nad oes raid iddi edrych arno. Un ai does ganddi mo'r nerth i ymladd yn ei erbyn, neu mae hi wedi sylweddoli nad oes pwynt iddi frwydro, achos mae ei chorff yn llipa a'i dwylo'n hongian wrth ei hochr fel rhai doli glwt. Mae synau afiach yn dianc o'i cheg. Rhaid iddi frwydro am bob anadl.

Yn gyflym, dwi'n chwilio'r stafell am arf. Mae 'na gyllell fara ar y cownter, ond mi wn i na allwn i ei defnyddio hi ar Dad. Dim ond mewn ffilmiau mae pobl yn medru cydio mewn arf a'i ddefnyddio heb oedi. Ond mae arf arall gen i. Dwi'n cymryd cam yn nes at Dad, ac yn ei gicio fo'n galed ar ei goes. Dwi'n teimlo fel matador yn sefyll o flaen tarw gwyllt efo lliain coch gan weiddi, '*toro, toro!*'. Ond mae'r gic yn gweithio, achos yn syth mae Dad yn gollwng ei afael ar Mam ac yn troi i fy wynebu gyda rhu o wylltineb arswydus. Mae Mam yn anadlu'n drwm ac yn cilio oddi wrtho, a chyn i Dad fedru dweud na gwneud dim byd arall dwi'n ei gicio fo eto – ond y tro yma dwi'n anelu am ei nyts. Mae'r annel yn berffaith, ac ar ôl un gic gan fy nghoes brosthetig mae o ar ei liniau yn griddfan.

Dwi'n cydio yn llewys Mam ac yn hanner ei llusgo hi tuag at y drws. Mae hi'n edrych dros ei hysgwydd ar ei gŵr, sydd wedi cwympo yn erbyn y rhewgell, gan ddal ei bidyn. Rydyn ni'n oedi am eiliad yn unig, er mwyn iddi hi godi ei bag llaw, ac yna rydyn ni'n ei heglu hi allan o'r tŷ. Dwi'n gwybod wrth i Mam gau'r drws ar ein holau mai dyma fydd y tro olaf i mi adael fy nghartref.

Mae Sara yn sefyll yn iard ffrynt Mrs Jordan, yn curo ar ei drws. 'Sara, ty'd!' galwa Mam arni'n siarp, fel petai hi'n siarad efo ci. Mae Sara yn dringo dros y wal isel ac yn ymuno â ni. Dechreua'r tair ohonon ni redeg am ein bywydau, gan daro cipolwg dros ein hysgwyddau bob chydig eiliadau, rhag ofn bod Dad wedi llwyddo i godi a'n dilyn ni. Rydyn ni'n cyrraedd gwaelod Maude Street cyn oedi, yn ansicr ble ddylen ni fynd.

'Ffordd yma,' meddaf, gan dynnu ar law Sara. 'Ddylen ni fynd i gyfeiriad y traeth. Bydd Dad yn disgwyl i ni fynd i ganol y dre, at yr heddlu.' Mae golwg ansicr ar wyneb Mam, ond tydi hi ddim yn dadlau. Rhedwn ar hyd John Street, ac yna dwi'n eu harwain nhw dros y ffordd, i gyfeiriad y promenâd. Mewn un o'r llochesau carreg sy'n wynebu'r môr mae'r tair ohonon ni'n cuddio. Mae crio Sara yn swnio fel griddfan ci bach. Mae Mam yn ei dal hi'n agos ac yn cusanu ei thalcen drosodd a throsodd gan sibrwd geiriau o gysur, ond mae hi'n udo, ac mae'r ofn yn ei llais yn ddigon i wneud i Mam ddechrau crio hefyd. Tydw i ddim yn eu beio nhw o gwbl, ond dwi'n benderfynol o beidio â chrio fy hun. Rhaid i mi adael y lloches i ddianc rhag eu sŵn.

'Be wnawn ni?' galwa Mam ar fy ôl yn ddiymadferth. Mae golwg ddryslyd arni, fel petai hi'n ansicr o'r hyn sydd newydd ddigwydd. Sioc, mae'n rhaid. 'I ble awn ni rŵan?' gofynna. Cwestiwn da iawn. At bwy awn ni am help? Fedrwn ni ddim mynd at Shane. Byse, mi fyse fo'n agor ei ddrysau ac yn cynnig rhywle i ni aros, ond tydw i ddim yn ei drystio fo i beidio â cholli ei dymer. Ar hyn o bryd fysen i ddim yn meindio gweld Dad mewn arch, ond tydw i ddim am i Shane wylltio, ymosod ar Dad a dilyn Tony i'r carchar. Allwn ni ddim mynd at Gina am yr un rheswm – bydd Shane yn siŵr o glywed am y peth ganddi hi. Dan amgylchiadau arferol mi fyse

Mel yn cynnig lloches i ni, ond tydi o ddim yn deg gofyn mor fuan ar ôl iddi golli ei mam. Does gan Mam ddim brodyr na chwiorydd. Allwn ni ddim mynd yn ôl at Mrs Jordan, am resymau amlwg. Does yna neb arall.

Dwi'n edrych dros fy ysgwydd ar Mam a Sara. Maen nhw'n dal i feichio crio. Mae gen i gur pen o ganlyniad i'r gweir ges i gan Dad, ac mae'r crio yn gwneud i fy mhen guro'n waeth. Fues i'n lwcus iawn i ddianc efo dim byd heblaw clais ar fy nhalcen, ond mae golwg ofnadwy ar Mam – mae ei hwyneb yn dechrau chwyddo lle gafodd hi ei dyrnu, ac mae'r mwclis piws a glas o amgylch ei gwddw wrthi'n tywyllu unwaith eto. Mae angen iddi fynd at y doctor.

'Dwi am ffonio'r heddlu,' dwi'n datgan. Mae llygaid Mam yn llydan efo ofn.

'Yr heddlu?' Gan Dad y daw ei hofn o'r heddlu. Rydyn ni wedi byw dan ei gysgod o yn rhy hir: *We don't want Social Services sticking their beaks in, don't want the police involved. They'll only make things worse, threaten to take the girls away from us.* Ond does dim rheswm i gadw'r ddysgl yn wastad rŵan, dim rheswm i gadw'n dawel.

'Ie, yr heddlu.' Dwi'n tynnu fy ffôn o fy mhoced.

'*999, what's your emergency?*' Yn sydyn mae fy ngheg yn llawn o boer ac mae'n rhaid i mi lyncu'n galed cyn ateb y dyn ar ochr arall y ffôn.

'*My Dad ... he ... My Mum and me and my sister ... We can't go back home. He tried to kill my Mum. He tried to strangle her.*' Wrth i mi ddweud y geiriau mae'r gwir yn fy nharo fel rhaw yn llawn o bridd. Er i mi addo na fysen i'n gwneud hynny, dwi'n dechrau crio wrth i mi sylweddoli pa mor agos ddaeth Mam at

gael ei chrogi. Petaen ni heb ddianc, o bosib, mi fyse fo wedi
gwneud yr un peth i mi. Mae fy nwylo'n dechrau crynu, ac yn
sydyn dwi'n barod i gyfogi. Mae Mam yn cymryd y ffôn o fy
llaw cyn i mi ei ollwng, ac mae'r dyn caredig yn addo aros ar y
lein efo ni nes bod yr heddlu'n cyrraedd.

Sara ydi'r cyntaf i weld y car melyn a glas yn parcio ar y
promenâd, a chyn i Mam fedru ei stopio hi mae hi'n rhedeg i
gwrdd â'r heddwas. Mae Mam a finne'n sychu'n llygaid yn
frysiog. Dwi'n chwilota yn fy mhocedi am ddarn o bapur neu
hances neu rywbeth heblaw am fy llewys gwlyb. Wrth i mi
wneud hynny dwi'n dod o hyd i damed bach o gerdyn ym
mhoced flaen fy hwdi Slipknot. Y tro diwethaf i mi wisgo'r
hwdi oedd y noson y gwnes i gyfarfod Nadine am y tro cyntaf.
Y cerdyn yn fy llaw ydi'r un ges i ganddi hi, ac arno mae
manylion y llinell gymorth i ddioddefwyr trais yn y cartref.
Dwi'n cofio geiriau Nadine. Fyddwn ni ddim yn gorfod delio
efo hyn ar ein pennau ein hunain.

15 Epilog – Blwyddyn yn ddiweddarach

'Barod i fynd?' gofynna Mam. Mae hi'n gwisgo ffrog newydd heddiw, a lipstig coch. Mae ei gwallt mewn rholyn cymhleth ar dop ei phen, fel petai hi newydd gamu allan o'r 40au. Am y 1940au dwi'n sôn, rhag ofn dy fod ti'n darllen y stori hon ym mhell, bell yn y dyfodol. Siŵr y bydd hi'n un o glasuron yr iaith erbyn hynny. (Jocian ydw i, wrth gwrs. #brenhineseinllêniamnot.)

Eniwê, mae Mam yn edrych yn styning o ddel, a tydw i ddim yn ei beio hi am wneud cymaint o ymdrech. Mae heddiw yn ddiwrnod anferthol i ni fel teulu. Dyma'r tro cyntaf mewn blwyddyn i Sara dderbyn gwahoddiad i aros yn nhŷ ffrind. Mae hynny'n beth anferthol ynddo'i hun, achos mae o wedi cymryd peth amser i Sara setlo a gwncud ffrindiau yn ei hysgol newydd. Ond mae o'n bwysig i Mam hefyd, achos am y tro cyntaf mewn blwyddyn mae ganddi rywun i warchod Sara. Mae hynny'n golygu bod y ddwy ohonon ni'n rhydd i fynd i HMP Manchester efo'n gilydd, i ymweld â Dad. (Tony, nid Jason.)

Wrth gwrs, gallai Mam fod wedi mynd cyn heddiw, tra oedd y ddwy ohonon ni yn yr ysgol. Ddwedes i wrthi droeon fy mod i'n hapus iddi fynd ar ddydd Sadwrn ar ci phen ei hun, gan fy ngadael i adref yn gwarchod Sara. Cynigiodd Gina fynd â hi sawl tro hefyd, ond cafodd ei chynnig hithau ei wrthod hefyd. Y gwir ydi mai dim ond rŵan mae Mam yn teimlo'n barod i gychwyn ar y 'bennod nesaf'. Mae ei therapydd yn siarad dipyn am lyfrau a straeon: 'Bydda'n arwres yn dy stori dy hun! Rhaid i ti orffen un bennod a chychwyn ar un arall! Mae fory'n dudalen lân!' Mae'r therapi wedi bod o gymorth mawr i Mam.

Tydi'r flwyddyn ddiwethaf ddim wedi bod yn hawdd i 'run ohonon ni, ond i Mam yn enwedig mae hi wedi bod yn frwydr go iawn. Roedd y bobl yn y lloches yn garedig iawn, ond roedden ni'n tair wedi'n gwasgu i un stafell wely fach. Roedd ein holl ddillad yn ail law, rhoddion gan bobl eraill. Bob nos byddai Mam yn mynd i gael cawod, er mwyn iddi gael hanner awr ar ei phen ei hun i grio heb i Sara weld ei dagrau.

Roedd yr achos llys yn erchyll. Roedd 'na gyfweliadau hir efo'r heddlu, a chyfreithwyr yn gofyn cwestiynau busneslyd, fel petaen ni'n droseddwyr yn hytrach na Jason! Mi fuon ni'n tair yn byw mewn ofn am flynyddoedd, cyn colli ein cartref a gorfod symud i fyw i ran arall o'r wlad a newid ysgolion, a hynny ar ben yr ymosodiadau corfforol y bu i Mam a finne eu dioddef. Cafodd Jason lai na blwyddyn yng ngharchar y Berwyn. Erbyn hyn mae o wedi cwblhau ei ddedfryd ac mae o'n rhydd unwaith eto. Weithiau mae ein dedfryd ni yn teimlo'n waeth na'r un gafodd o.

Wnes i fethu wythnosau o ysgol, a Sara'r un fath. Yn y pen draw, pan ddaeth hi'n amlwg na fydden ni'n medru symud yn ôl i'r Rhyl, roedd yn rhaid i'r ddwy ohonon ni symud i ysgolion newydd. Dim y peth hawsaf i'w wneud yng nghanol dy gwrs TGAU. Wrth gwrs, wnes i golli'r cyfle i chwarae rhan y *feisty, feminist best friend* yn y prosiect drama, ac i rwbio halen i'r briw, Eira gymerodd fy lle i! EIRA! Wnes i orfod rhoi'r gorau i fynychu Streetwyze a gweld Gareth a gweddill fy ffrindiau. Ches i ddim cyfle i gysylltu â nhw i ddweud ffarwél, gan i ni ddiflannu dros nos.

Ond rydyn ni'n fyw, a dyna'r peth pwysicaf, ac mae pethau'n gwella yn araf bach. Tydi Mam ddim yn treulio cymaint o'i hamser yn cuddio yn ei stafell wely rŵan. Rydyn ni ferched yn agosach nag erioed, ac mae Sara yn dechrau dod allan o'i chragen. Trwy ryw wyrth wnes i lwyddo yn fy arholiadau a byddaf yn dechrau mynychu coleg y chweched yn nhymor yr hydref.

Gawson ni fflat newydd gan y cyngor, a chaiff Jason byth wybod ble rydyn ni'n byw rŵan. (Tydw i ddim hyd yn oed yn mynd i ddwcud ym mha dref rydyn ni bellach yn byw, rhag ofn bod rhywun sy'n adnabod Jason yn digwydd darllen hwn.) Mynnodd y teulu Calvi brynu'r holl ddodrefn ar gyfer ein fflat, yn newydd sbon ... Sori, dwi'n parablu.

'DANGOS yn lle DWEUD, Rachel!' Dyna beth mae Beryl yn ei ddweud o hyd. Sori, mae hi hefyd braidd yn hwyr yn y stori i fod yn cyflwyno cymeriad newydd sbon, ond Beryl ydi fy nhiwtor sgwennu. Ti'n gweld, wnes i gadw mewn cysylltiad efo Nadine, a phan ddaeth hi'n amlwg na fysen i'n medru cymryd rhan yn y prosiect ysgolion, mi drefnodd hi fy mod i'n cael bod yn rhan o grŵp Llên a Lles. Beryl wnaeth fy annog i i ysgrifennu fy stori ac i'w rhannu efo'r grŵp. 'Gen ti ddigon o ddeunydd ar gyfer nofel gyfan!' meddai. Mae hi'n iawn am hynny. Y peth gorau am ysgrifennu fy stori ydi fy mod i wedi medru ei phostio hi, fesul pennod, at Dad. (Ond yn amlwg, wnes i ddim rhannu'r penodau am snogio Gareth, nag am ymosod ar Eira.) Dwi'n ymweld â fo yn y carchar bob mis, ac o'r diwedd mae Mam yn teimlo'n barod i gyfarfod â Tony ei hun. Maen nhw wedi siarad ar y ffôn a sgwennu llythyrau at ei gilydd cyn hyn, wrth gwrs, ond dyma'r tro cyntaf iddyn nhw gyfarfod wyneb yn wyneb.

'Sut dwi'n edrych?' gofynna Mam, efo gwên nerfus.

'Fydd Dad wrth ei fodd,' dwi'n ei hateb.

'Ti'n meddwl?' Mae hi'n cyffwrdd ei gwallt yn nerfus. Roedd Jason yn hoffi merched penfelyn, felly un o'r pethau cyntaf wnaeth hi yn y lloches oedd gadael i'w gwallt fynd yn ôl i'w liw naturiol. Doedd hynny ddim yn beth hawdd i'w wneud ar ôl pymtheng mlynedd o fod yn *bottle blonde*.

'Ti'n edrych yn gorjys.' Mae hi'n gwenu arna i, ac mae hi bron â chrio. Tydi hi ddim wedi arfer clywed pobl yn dweud pethau neis amdani, ac mae'n fy ngwneud i'n drist pan dwi'n gweld pa mor ddiolchgar ac anghrediniol ydi hi ar dderbyn canmoliaeth o unrhyw fath. Dwi'n gobeithio y bydd Dad yn ei sbwylio hi'n rhacs.

'C'mon, amser i ni fynd,' dyweda. Dwi'n cymryd ei braich hi, ac rydyn ni'n cerdded i lawr yr allt at yr archfarchnad. Dwi wastad yn cerdded i lawr at y brif ffordd i gyfarfod Shane – arferiad sy'n parhau o'n cyfnod yn y lloches pan nad oeddwn i'n cael datgelu ein cyfeiriad i neb.

Mae'r brif ffordd yn brysur, ac mae tri o bobl yn ein stopio ni ar ein ffordd i'r archfarchnad. 'Bore da Lois. Su' mae? Mae hi'n braf iawn heddiw.' Dysgwyr Mam ydyn nhw. Dyna'i swydd newydd – tiwtor Cymraeg i Oedolion. Er ei bod wedi cael sawl noson ddi-gwsg ar ôl cael y swydd, mae hi'n andros o diwtor da. Hyder oedd yr unig beth oedd ei angen arni.

Erbyn hyn mae hi'n dysgu chwe dosbarth gwahanol, ac ar

ben hynny mae hi'n rhedeg clwb darllen Cymraeg i ddysgwyr yn y llyfrgell. Fedra i ddim camu allan o'r drws heb faglu dros rywun sydd isio ymarfer siarad Cymraeg!

Mae Shane yn disgwyl amdanon ni yn ei Mustang. Dwi'n neidio i'r sêt flaen, ac mae Mam yn dringo i'r cefn.

'Ti'n iawn, Rach?' gofynna Shane. Yn ystod y daith dwi'n ateb ei gwestiynau am y prosiect Llên a Lles, ac mae o'n sôn am ei gynlluniau newydd ar gyfer Club Calvi. 'Mewn cwpl o flynyddoedd gei di ddod draw a dysgu'r rôps. Ti fydd yn berchen ar y lle yn y pen draw, wedi'r cwbl.'

'Tydi hi ddim i fynd ar gyfyl y dre 'na,' mynna Mam. Mae hi'n syllu allan drwy'r ffenest, ac mi wn i ei bod hi'n meddwl am Jason.

'Wyt ti'n meddwl y bysen i'n gadael i'r bastard fynd yn agos ati?' gofynna Shane yn ddiamynedd. 'Fydd hi'n berffaith ddiogel yn y clwb efo fi.'

'Ac efo Jim ar y drws,' dwi'n ychwanegu. Chwarae teg iddo, er i mi boeni y byddai Shane yn mynd yn wallgof, wnaeth o ddim ceisio lladd Jason. Mae'n wir iddo gynnig 'rhoi'r cachgi mewn cadair olwyn am weddill ei fywyd', ond tydw i ddim yn meddwl y byse fo'n gwneud dim byd i Jason rŵan, hyd yn oed petaen nhw'n cyfarfod ar y stryd. Mae Shane yn gwybod bod angen iddo aros allan o'r carchar. Mae Club Calvi ei angen, ac yn bendant, mi fyse Medium Jim yn ei golli o.

Ymhen dim rydyn ni wedi cyrraedd Manceinion. Dydd Sadwrn ydi hi, ac felly mae'r carchar yn brysurach nag arfer. Rhaid i ni ddisgwyl am sbel i gael ein prosesu. Dwi'n gweld bod llaw Mam yn crynu wrth iddi roi ei ID i'r ddynes y tu ôl i'r ddesg.

'Dewch efo fi.' Mae Shane yn amneidio'i ben i gyfeiriad y neuadd. Oedwn yn y drws, ein llygaid yn chwilio'r stafell am wyneb fy nhad. Dyma'r degfed tro i mi fod yma, a dwi'n hen law ar ddod o hyd iddo ymysg y môr o ddynion. Dyna fo, yn ei hoff sêt yng nghhornel y neuadd. Mae o'n codi llaw arnon ni, ac mae'r wên fwyaf yn blodeuo ar wyneb Mam wrth iddi redeg, bron â bod, draw ato.

Mae Shane yn rhoi ei law ar fy ysgwydd. 'Ty'd i fy helpu i ddewis rhywbeth i'w fwyta. Rho funud iddyn nhw.' Rydyn ni'n mynd draw at y caffi bach. Dwi'n llenwi fy mhocedi â siocled fel anrheg i Sara, er 'mod i'n siŵr y caiff hi hen ddigon o ddanteithion yn ei *sleepover* heno. Mae'n amhosib i mi beidio â sbio dros fy ysgwydd ar y ddau yn y gornel, er na fedra i glywed gair o'r hyn maen nhw'n ddweud. Maen nhw'n dal ei gilydd yn dynn, yn chwerthin ac yn crio 'run pryd. Mae'r carcharorion a'r ymwelwyr eraill yn eu gwylio nhw, ac yn gwenu. Ysgydwa Shane ei ben.

''Sen i ddim yn synnu tasen ni'n clywed clychau priodas cyn diwedd y flwyddyn. *Sickening.*'

'Ydi,' cytunaf. Dwi'n caru Mam, dwi'n caru Dad, ac am iddyn nhw fod yn hapus. Ond tydw i ddim am eu gweld nhw'n chwarae *tonsil tennis* efo'i gilydd o 'mlaen i. Mae'r gard yn gofyn i Mam a Dad roi'r gorau i gusanu. Gydag anfodlonrwydd amlwg, maen nhw'n eistedd un bob ochr i'r bwrdd. Dwi'n edrych i fyny ar Shane.

'Dwi'n meddwl dy fod di a Gina wedi bod am i mi ddarganfod y gwir.'

'Fyset ti wedi gweithio'r peth allan heb ein help ni ar ryw bwynt. Ti'n rhy fusneslyd o lawer.' Mae o'n gwenu ac yn pwnio fy mraich yn ysgafn i ddangos ei fod o'n jocian. 'Mae gen ti dalent i greu helynt. Dyna'r gwaed Calvi yn dy wythiennau.' Gan godi'r cwpanau coffi, mae Shane yn amneidio i gyfeiriad y cwpl cariadus. 'C'mon, Helynt, ty'd i ddweud helô wrth dy dad.'

Helynt Calvi. Enw ardderchog i arwres.

Roge 31·12·2020